高等院校人文素质教育系列教材

大学体育与健康

宋　雷　主编

U0360489

清華大学出版社
北 京

内 容 简 介

"大学体育与健康"是大学生以身体练习为主要手段,通过合理的体育教育和科学的体育锻炼过程,达到增强体质、促进健康和提高体育素质为主要目的的公共必修课程,是学校课程体系的重要组成部分。本书共分 14 章,包括体育发展概述、体育锻炼与健康、国家学生体质健康标准、体育运动与卫生保健、田径、篮球、足球、排球、乒乓球、羽毛球、网球、武术、健美操、游泳等内容。本书充分考虑了目前高等院校体育教学的特点,本着适用于体育教学的原则,阐述了与体育及健康相关的一般理论、原则和方法。

本书既可以作为高等院校本科或专科学生的教材,也适合作为广大体育爱好者的参考书。

图书在版编目(CIP)数据

大学体育与健康/宋雷主编. —北京: 清华大学出版社,2022.9
高等院校人文素质教育系列教材
ISBN 978-7-302-60242-2

Ⅰ. ①大… Ⅱ. ①宋… Ⅲ. ①体育—高等学校—教材 ②健康教育—高等学校—教材 Ⅳ. ①G807.4 ②G647.9

中国版本图书馆 CIP 数据核字(2022)第 035950 号

责任编辑: 魏 莹
封面设计: 李 坤
责任校对: 李玉茹
责任印制: 杨 艳
出版发行: 清华大学出版社
　　　　网　　　址: http://www.tup.com.cn, http://www.wqbook.com
　　　　地　　　址: 北京清华大学学研大厦 A 座　　邮　　编: 100084
　　　　社 总 机: 010-83470000　　　　　　　　邮　　购: 010-62786544
　　　　投稿与读者服务: 010-62776969, c-service@tup.tsinghua.edu.cn
　　　　质量反馈: 010-62772015, zhiliang@tup.tsinghua.edu.cn
　　　　课件下载: http://www.tup.com.cn, 010-62791865
印 刷 者: 北京富博印刷有限公司
装 订 者: 北京市密云县京文制本装订厂
经　　销: 全国新华书店
开　　本: 185mm×260mm　　　印　张: 13.5　　　字　数: 325 千字
版　　次: 2022 年 9 月第 1 版　　　　印　次: 2022 年 9 月第 1 次印刷
定　　价: 59.00 元

产品编号: 093454-01

前　言

　　人类在走过了自然经济、农业经济和工业经济时代后，迎来了知识经济的新时代！在自然经济和农业经济的时代里，社会群体的主要成员以全身性的生产活动使体力得到充分发挥，从而保证了人类强壮的体质，这就是我们常说的劳动创造了人。进入工业经济时代以后，由于机器广泛运用于生产过程，劳动方式的改变使人类身体失去全面活动的机会，体力得不到充分发挥，为了保证人类强健的身体和作为一个物种的特征，体育健身的社会需要产生了。工业革命以来，体育就是这样代替着农业经济时代人类劳动活动的强身功能，履行着增强体质的特殊职责，成为学校教育的重要组成部分。

　　知识经济时代的社会主体将是具备较高知识水平的智能人士，社会成功的特质将是高科技的应用，人类劳动方式将发生又一次革命性的变化，脑力劳动将占绝对优势，而这些变化给人类身体带来的直接结果将是体质的不断弱化。劳动方式的改变，将使人类面临身体运动机能退化和失去作为一个物种的特征的危险。因此，知识经济时代成为比以往任何时候都更需要体育的时代，"健康第一"成为新时代学校教育的指导思想。

　　基于这样的认识，为了贯彻《中共中央　国务院关于深化教育改革全面推进素质教育的决定》精神，笔者根据"学校教育要树立健康第一的指导思想"而编写了本书。在大学体育课程教材建设工作中，本书第一次将体育与健康教育的知识进行整合，旨在使学生在学习体育理论知识的同时，掌握健康生活的科学方法，在锻炼身体的同时，培养自我保健意识与能力，使体育与健康教育合而为一，共同实现"健康第一"的教育目标。这种创新思想在加强素质教育、改革教学内容与课程体系的今天，是值得积极提倡和推广的。

　　全书共分为14章，各章主要内容如下所述。

　　第1章为体育发展概述，阐述了体育的起源与发展、体育的组成与功能，以及学校体育概况和奥林匹克运动的有关知识，力争从整体上强调体育运动的相关理论知识。

　　第2章对体育锻炼与健康进行阐述，由大学生的生理、心理特点入手，详细说明了体育运动对大学生身心健康的影响，并引导大学生进行科学、高效的体育锻炼。

第 3 章讲述国家学生体质健康标准，解释了《大学生体育合格标准》的计分法、测试与评分标准，以及等级评定与登记，对于标准的实施办法和锻炼方法也进行了相应的说明。

第 4 章对体育运动与卫生保健进行阐述，主要介绍运动衣着、饮食、环境与器材对体育锻炼的影响，以及运动中可能出现的生理反应和损伤，并给出了解决方法。

第 5 章讲述田径，主要介绍田径运动，将田赛与径赛分开，分别阐述了短跑、竞走、接力跑、中长跑和跳高、跳远、推铅球这些项目的动作要领及技术方法。

第 6 章讲述篮球运动，介绍篮球基本技术的练习和基本战术的运用、篮球竞赛规则等内容。

第 7 章讲述足球运动，介绍了踢球、停球、顶球等足球基本技术，以及从个人到全队、从防守到进攻等足球战术。同时也对足球的比赛场地、比赛规则、计分方法与犯规处罚等做了全面而系统的讲解。

第 8 章讲述排球运动，类比足球进行讲述。具体介绍了发球、传球、垫球、扣球、拦网等基本技术，比赛所需的场地、器材与设备，以及计分和判罚等比赛规则。

第 9 章讲述乒乓球运动，介绍了握拍法、步法、发球与接发球等乒乓球基本技术，对攻、拉攻、搓攻等战术，以及乒乓球的比赛规则。

第 10 章讲述羽毛球运动，介绍了羽毛球的握拍法、发球与接发球和击球法等基本技术，以及进攻防守的方法和规则。

第 11 章讲述网球运动，内容与羽毛球基本一致，重点强调了战术指导思想和单打、双打打法。

第 12 章讲述武术运动，从武术的特点和锻炼价值讲起，对武术的基本功，以及身法、手法、步法做了说明，还介绍了太极拳、初级剑术、八段锦等武术套路，并对武术竞赛的组织进行了介绍。

第 13 章讲述健美操运动，介绍了健美操的概念、分类及特点，将形体健美的渊源及构成进行了说明，阐述了头颈、肩部、上下肢、躯干的比赛动作及评分规则。

第 14 章讲述游泳运动，介绍了游泳的基本知识，对蛙泳和自由泳的技术做了重点讲解，对游泳场地、器材设备、比赛规则等也作出说明，同时介绍了游泳的救护常识。

本书由华北电力大学科技学院的宋雷老师主编。由于编者水平有限，书中难免有一些不足之处，欢迎同行和读者批评、指正。

编　者

目　录

第1章　体育发展概述

　**本章导读**

  体育运动对增强人民体质、培养良好的道德品质和心理素质具有重要的作用，在改革开放的新形势下，体育更显示出它的特殊功效。本章阐述的是：体育是一种社会现象，体育手段的形成，体育概念，体育功能，体育科学的发展和体育科学体系，体育战略和体育体制。通过对本章内容的学习，同学们可以加深对体育的认识。

1.1 体育的起源与发展

体育是一种复杂的社会文化现象，它以身体与智力活动为基本手段，遵循人体生长发育、技能形成和机能提高等规律，是一种促进全面发育、提高身体素质与全面教育水平、增强体质与提高运动能力、改善生活方式与提高生活质量的一种有意识、有目的、有组织的社会活动。

1.1.1 体育的起源

与"体育"一词对应的外文 education physique 最早出现在距今 200 多年前的 1762 年，而中文"体育"在我国最先出现在清朝末年。那时，清政府被迫废除科举制度，兴办新式学堂，学习西方教育方式。1903 年，清朝大臣荣庆、张百熙、张之洞在给光绪皇帝的奏章《学务纲要》中提到："国外学堂，于智育、体育外，尤重德育。中外固无二理也。"这是我国出现"体育"一词的最早记载。

至此，体育作为一种社会活动，逐渐以多种形式在社会各领域内广泛地开展起来，但是，人们对"体育"概念和名词的使用上，意见尚不统一。学术界和理论界曾多次对体育的概念进行过研究与讨论，有人认为，不以增强体质为目的的身体运动，不属于体育；以增强体质为目的，不以运动为手段，同样不属于体育。有人认为，体育是人类特有的一种社会现象，它是通过各种身体运动，锻炼人们的身体，增强体质，提高运动技术水平，丰富文化生活，使人身心健康，服务于社会。有的学者把体育概念划分为广义和狭义两种类型，但不赞成狭义体育是专指作为教育组成部分的那种体育，因为那种体育不过是学校体育，而用"学校体育"又无法还原成"狭义体育"。学校体育具有健身、竞技、娱乐等多种体育特征，它本身只代表一个具体的体育活动领域，在体育概念体系中是更低一层次的概念。广义体育之下，只有健身体育具备原发性与核心性，所以体育应是健身体育。有的专家坚持卢梭创始体育的初衷，始终认为体育的真义是身体教育，是增强体质的教育。然而，对于体育的概念，人们仍旧习惯于中国体育大学曹湘君在《体育理论》中对体育概念体系的论述，虽然存在不足，但一直沿用至今，《中国体育百科全书》也使用了同样的定义。

体育可分为广义的体育和狭义的体育。广义的体育也称体育运动，是人们根据社会生产和生活的需要，遵循人体生长发育和机能活动规律，以运动动作为基本手段，为增强人民体质、提高运动技术水平、丰富社会文化生活而进行的一种有目的、有意识、有组织的身体运动和社会活动。它属于社会文化教育的范畴，受到社会、政治、经济某种程度的影响和制约，也为特定的社会、政治、经济服务。从广义体育的内涵来看，体育包括两个基本部分和基本属性。一是作为体育方式、手段和方法的人体运动部分，具有继承、交流、借鉴、吸取的自然属性；二是运用这种手段和方法，实现社会所规定的体育的目标、法令和制度部分，具有社会属性，体育的本质就是这两种属性相结合的产物。体育既作用于人体，使人身心俱健，又作用于社会，促进社会的物质文明和精神文明的发展，这是体育的自然属性和社会属性统一和作用的结果。

狭义的体育习惯上称为学校体育，也叫体育教育。它是现代体育的基础，也是现代教育的重要组成部分，是全面发展人的身体，增强体质，传授体育基本知识、技术、技能，提高运动技术水平，培养良好意志品德的一种有目的、有计划、有组织的教育过程；是与德、智、美、劳密切结合，培养体育兴趣，养成锻炼习惯，造就一代新人的一个重要的教育活动过程。

1.1.2 体育的发展

1. 中国古代民间传统体育

所谓的传统体育，是指那些历代相沿不辍，至今仍对社会发展和人类生活产生积极效应的、尚未现代化的体育形式和手段。在古代广为流传且沿袭至今的那些体育项目，如具有代表性的武术(中华武艺)和养身术(导引养身功)等，作为祖国文化宝库中的一颗明珠，融传统文化和民俗风情为一体，在充分体现民族个性特征的同时，集中反映了古代人民对健体养身、娱心劳逸的精神寄托与追求。其表现方式也大大不同于偏重强烈对抗的西方体育。

中国古代民间体育的发端与形成，可以溯源于史前时代。那时，中国体育尚处于原始启蒙阶段，驱使人们参与身体活动的动力，主要来自人类强烈的求生欲望。尽管原始社会的早期教育，由于狩猎、捕鱼和部落战争的需要，已涉及如何发展人体素质和提高各种技能等问题，但这种由劳动教育产生的身体活动，仅作为求生、防卫和发泄情感的手段，其活动方式大都表现出随意性。因此，在生产力水平极其低下的原始社会时期，仍属于原始人的一种自发行为。进入原始社会后期，随着各种文化、艺术和教育活动的出现，当这类活动强身祛病的作用被人们所认识，并与当时社会的经济、军事、教育、宗教、礼仪等相结合后，原始体育才初步具有了社会职能，并形成与当时社会相适应的特点。

2. 中国近代体育

近代体育在旧中国发展十分缓慢。从 1840 年鸦片战争开始，外国列强武装侵略，打开了中国"闭关自守"的大门。随着帝国主义势力的入侵，西方科学技术、政治学说、文化教育等进入了中国，体育也不例外，此时，西方体育在中国初见端倪。

中国近代体育开始于洋务运动。从 19 世纪 60 年代至 90 年代，产生了洋务派，他们在"中学为体，西学为用"教育方针的指导下，兴办水师学堂和武备学堂，以传授"西文""西艺"为主要内容，并开设"体操科"，开始把现代体育列为教学和训练的内容，例如：队列、刺杀、战阵与战术，单杠、双杠、木马等器械运动，以及跳高、跳远、足球、棒球、网球等现代体育运动项目。帝国主义为了控制中国近代的政治经济，同时加强了对中国文化教育的侵略，派遣大批传教士到中国各地建立教会，并兴办学校。由于教会、学校一般都设有体育组织和较好的体育设施，使田径、球类等近代运动项目得以很快开展，之后又陆续传播到官办新式学堂。如 1890 年在圣约翰大学就举办了以田径为主要内容的中国历史上最早的运动会，1905 年官办京师大学堂也举办了类似这样性质的运动会。随着校际间比赛项目的不断增加，像棒球、网球、足球等近代体育项目开始流行起来。

基督教青年会在 1896 年至 1898 年在华传播近代体育，如近代篮球创始人，美国的奈史密斯的学生蔡乐尔在天津传授了篮球，使篮球运动传入我国。20 世纪初，一批美国体育专业人员纷至沓来，他们充任青年会的体育干事，通过创办体育杂志、出版体育教材、培训体育干部、讲授体育理论，乃至组织和操纵中国早期的运动竞赛，不遗余力地宣传"西洋体育"，使近代体育在中国的传播不断扩大，影响日渐深远。

1898 年，以康有为、梁启超为代表的维新派人士发动了著名的"戊戌变法"运动，主张废"八股""科举"，提倡"西学"，兴办新式学堂，并从近代教育的角度提出了明确的体育主张。如康有为在《大同书》中提出："大学亦重体操，以行血气而强筋骸。""以人方幼童，尤重养身，少年身体强健，则长亦强健；少年脑气舒展，则长大亦舒展。"强调体育在学校教育中的地位和作用，改良派的体育思想与主张对我国学校体育的发展和近代体育的发展起到了非常有益的启蒙作用。

"戊戌变法"失败后，人民革命运动迅速高涨。清政府为缓和阶级矛盾，维护封建专制统治，于 1901 年宣布实行"新政"，废科举、兴学校、选派留学生、颁布学堂章程等。与体育关系最大的是学堂章程，它规定各级各类学校均应开设"体操科"，新学制的建立为近代体育的普及与发展创造了重要条件。

3. 中国现代体育

1919 年 5 月 4 日，在中国发生的五四运动，推动了中国现代体育向前发展。它作为一次反帝爱国运动，在体育上的反映首先是促进了中国人收回体育主权。此后举办的各种体育比赛中，逐渐由中国人自己组织裁判，制定规则用中文，器材用国货，等等。随着科学和民主思想影响的扩大，体育越来越引起人们的重视。提倡男女平等，带动了女子体育的开展。1919 年全国教育联合会承认，以兵操课为特征的"军国主义"的体育已不适合"世界大势"和教育潮流，因而通过了《改革学校体育案》，在增加体育课的同时，减少兵操时间、增加体育经费、注重师范体育、注重女子体育、实行身体检查、改良运动会等方面制定了具体措施。这个方案代表了当时要求改革学校体育的迫切呼声。在五四运动前后，随着马克思列宁主义传入中国，也出现了一些科学地论述体育的文章。如 1917 年 4 月，毛泽东以"二十八画生"署名，在《新青年》杂志上发表了《体育之研究》一文，同年，恽代英在《青年进步》杂志上发表了《学校体育之研究》，他们为现代体育的发展奠定了坚实的理论基础，使我国现代体育向前迈进了一大步。

国民党统治时期的体育运动竞赛，基本上是清末北洋军阀时期的延续。国民政府曾召开"全运会"，遗憾的是，国民党统治时期的"全运会"，运动技术低劣，成绩提高很慢。虽派代表团参加了 1932 年、1936 年、1948 年第十届、第十一届和第十四届国际奥林匹克运动会，却终因路途遥远、交通工具差、经费不足、运动水平低下而被淘汰或未能参加比赛，甚至靠侨胞捐款才得以返回祖国。与此同时，中国共产党和工农红军创建了广大的革命根据地，当时，各级党政领导干部注意带头参加体育锻炼，战士们乐于开展体育运动。在生活极其艰苦的条件下，党中央和毛泽东同志仍然十分重视学校体育的发展。当时的列宁小学、苏维埃大学、抗日军政大学、中央党校都开设了体育课，并注意把军事训练同体育相结合，其主要内容有球类、田径、武术、爬山、单杠、双杠、投手榴弹、红缨枪刺杀等。1941 年还设立了延安大学体育系，为根据地体育活动的开展以及学校体育的发展奠定了基础。

　　1949 年中华人民共和国的成立，使半殖民地半封建的旧中国体育从性质上发生了根本变化。新中国的体育事业已成为社会主义建设事业不可缺少的组成部分。它是增强人民体质、改善人民健康状况、丰富群众文化生活和培养德、智、体全面发展的一代新人的有力手段，在建设社会主义物质文明和精神文明中发挥着越来越重要的作用。

　　新中国成立初期，在党的领导下，国家对旧中国的落后体育制度进行了改造，大力提倡国民体育，并将原"中华全国体育协进会"改组为"中华全国体育总会"。1950 年，毛泽东同志亲自为新中国第一份体育杂志《新体育》题写了刊头。1952 年，毛泽东同志在中华全国体育总会上作了"发展体育运动，增强人民体质"的题词，朱德副主席作了"普及人民体育运动，为生产和国防服务"的题词。《中华人民共和国宪法》第二十一条规定："国家发展体育事业，开展群众性的体育活动，增强人民体质。"第四十六条规定："国家培养青年、少年、儿童在品德、智力、体质等方面全面发展。"国家兴建体育场地、建立体育制度、建设体育队伍、加强体育宣传，大力发展体育事业，坚定社会主义方向，确立新中国体育的性质与任务，并根据我国实际，在体育机构、制度、干部、宣传出版、物质技术等方面进行了一些必要的建设，从而以新的面貌出现在世界的历史舞台上。这些举措无疑为我国社会主义体育事业的形成和发展，打下了坚实的基础。在我国社会主义建设的发展时期，体育前进与发展的道路虽然不平坦，曾遇到一些挫折，但在全国人民的努力下，克服困难，使我国体育事业得到不断完善与发展。特别是在党的十一届三中全会以后，在党的"一个中心，两个基本点"的基本路线指引下，具有中国特色的社会主义体育开始形成与发展。如从 1958 年制定的《劳卫制》到 1995 年《全民健身计划纲要》和《奥运争光计划》的颁布；从学校体育的《国家体育锻炼标准》到"两个工作条例"(《学校体育工作条例》《学校卫生工作条例》)的实施；从体育场馆的建设到技术的控制与管理；从运动实践到体育理论的建设；从体育的被动消费到主动消费；等等。

　　回顾 20 世纪中国体育的发展历程，我们可以作出这样的判断，中国体育在一定程度上完成了国家和民族在这个世纪所赋予的文化任务，中国体育已经实现了冲出亚洲、走向世界的目标。然而，实现了这个目标并不等于说就已经实现了从传统体育向现代体育的完全转变。实际上，传统体育观念与现代体育观念的冲突，传统体育体制与现代体育管理体制的碰撞，仍然是当代中国体育的主要矛盾。这就是说，体育观念和体育体制的"转型"并没有完全实现。可以估计，彻底地实现从计划经济下形成的封闭的、条块分割的传统体育体制向以市场经济为主导的开放的，依托社会、充满生机与活力的现代体育管理体制"转型"，构建起完整的中国现代体育管理体系大厦，是 21 世纪中国体育的文化使命和文化责任。

1.2　体育的组成与功能

　　不同内容和范围的"体育"，它们都以身体运动为基本手段，都要全面发展身体和增强体质，都包含教育、教学和竞赛等因素。由于体育是人类特有的一种社会文化活动，其内容十分广泛，并随着社会的进步和人们对现代体育认识的不断深化而使活动内容越来越丰富。

1.2.1 体育的组成

我们从现代体育的不同属性或关系比较出发，根据目的、对象和对社会的影响不同，对现代体育进行分类。目前普遍认为，体育(即现代体育运动)主要由学校体育、竞技体育、大众体育三个部分构成。

1. 学校体育

学校体育，习惯上称为狭义的体育。它是学校教育的重要组成部分，是国民体育的基础，它是全面发展人的身体，增强体质，传授体育知识、技术和技能，提高运动技术水平，培养良好的道德意志品质的一种有目的、有计划、有组织的教育过程。它与德育、智育、美育、劳动技能教育等相结合，是培养人才全面发展的一个重要方面。为了达到教育、教养及发展身体的总目的，不同层次的学校体育按不同教育阶段和年龄特征，通过体育课和课外体育活动这两种基本组织形式，围绕"增强体质"这一中心，全面完成学校体育的各项任务。

随着人类社会向知识经济时代的发展，人才的竞争成为时代的主旋律。人类的生活如同竞技场上的比赛，人要与自然竞争，与对手竞争，与智力资源的占有竞争。这必将对当今社会的生产、生活、工作、学习、思维方式以及教育、经营管理、领导决策诸项活动产生深远的影响，同时促使体育教育向着社会化、娱乐化、终身化及竞技化的方向发展。因此，现代学校体育教育要考虑如何增强学生体质，如何培养竞争意识，如何培养学生在走向社会后仍然坚持参加体育锻炼，注重身体养护的终身体育思想，树立现代健康观，为国家和人民的事业努力工作几十年。学校体育除了促进受教育者全面发展教育之外，必须对民族素质的提高起到积极的推动作用，同时为学生的终身体育思想、卫生保健意识的树立奠定良好的基础。

2. 竞技体育

竞技体育，有人称为竞技运动，也有人称为精英体育。这里所指的是高水平的竞技体育，是根据规则和以取胜为目的的竞赛性和娱乐性的体力活动。为了最大限度地发挥和提高个人和集体在体格、体能、心理和运动能力等方面的潜力，以取得优异成绩为目的而进行的科学的、系统的训练和竞赛。这种竞赛具有激烈的对抗性、竞争性和高度的技艺性，必须按照一定的规则进行，竞赛成绩应为社会所承认。高水平竞技体育是体育的一种特殊形态，已成为一种专业化或职业化的社会体育现象，世界各国都把很大的力量投入奥运会比赛上，其目的不仅是夺取奖牌，而是其中所体现出的奥林匹克精神和理想，为了"和平、友谊、进步"，在"更快、更高、更强"的口号下，进行公平公正比赛，促进人类的友谊，增强人类的体质，提高运动技艺和精神境界，从而推动人类社会的不断发展与进步。

3. 大众体育

大众体育又称为群众体育或身体锻炼，是指以健身、医疗、娱乐为目的，是内容丰富、形式多样、因人而异的一种群众性的健身的体育活动。其基本类型如下所述。

(1) 医疗康复体育。它以治疗伤病、恢复人体机能为目的，并采用恢复身体功能的保健医疗体操、防病治病的太极拳、导引养生功等体育活动的方法和理论进行康复治疗。

(2) 娱乐、休闲体育。即在闲暇时间里提高、充实人的精神境界的体育活动。它以休闲、娱乐为目的，如打高尔夫球、康乐球，下棋、打牌、钓鱼等。

(3) 矫正体育。即用以矫正人的身体的各种不正确姿态，如坐、立、行走等及身体各部分不平衡现象，促使身体各部分协调发展及体态优美的体育活动。如各种特殊体操、健美操等。

(4) 民间体育。全国各族人民根据本民族自身的特点，在生产劳动和日常生活中创造了各种各样的体育活动和健身方法，形成了具有民族特色的体育运动形式。民间体育活动方法简便易行，规则简单且富有趣味性，在田间、地头、场院，在劳动之余、课间休息时间均可进行。它对提高人体的基本活动能力和发展力量、耐力、灵敏等身体素质，掌握劳动技能产生了积极的影响，同时对娱乐身心、促进人际关系的发展也起到了积极的推动作用。民间体育形式有民间举重、角力、马术、拔河、跳板、爬杆、荡秋千、踢毽子、跳绳、打陀螺、骑射、叼羊等。

1.2.2 体育的功能

随着社会的进步，体育科学技术的发展，体育的功能进一步地被认识、揭示与开发。在目前的体育概论教材中，对功能的提法是不一致的，有的学者主张用体育的生理功能、心理功能和社会功能来分类；有的学者从体育的多功能出发，归纳为健身功能、娱乐功能、促进个体社会化功能、社会感情功能、教育功能和政治功能；有的学者主张"体育就其本质原理来说有它自身的功能，作为社会现象的体育，它的功能与社会的政治、经济相结合，又表现出比其自身功能更大的社会效能。因而其大致可分为生物效能和社会效能。生物效能包括健身、健美、保健和延年益寿；社会效能包括教育、娱乐、政治和经济"。还有的学者主张把体育的功能划分为本质功能和非本质功能。根据体育的本质特征，我们认为把体育的功能划分为本质功能和非本质功能为好。所谓的本质，是指事物本身所固有的、决定事物性质、面貌和发展的根本属性。因此，这里所指的功能，不是人为的，是不以人的意志为转移的客观存在，任何一种体育现象都包含这些本质功能。而非本质功能则不然，它们不是体育所固有的，是一种人为的、利用体育手段所实现的功能。

1. 体育的本质功能

(1) 教育功能。体育的教育功能是最本质的功能。从原始社会体育萌芽开始，体育一直是作为教育手段而流传于世的。人类的生活经验是多方面的，经验的发展和充实，代表生活能力的提高。史前儿童就已经从他们父辈那里得到劳动教育和体育教育。他们为了获取猎物和防止外来侵略，学会了准确地投枪和投掷石块，这是人类生存的需要。至今，现代竞技运动中的跑、跳、投等项目仍留下这一教育的痕迹。恩格斯说："人的思维的最本质和最切近的基础，正是人所引起的自然界的变化，而不单独是自然界本身；人的智力是按照人如何学会改变自然界而发展的，改变自然界是人与一般动物的最显著的区别。"改造自然界在原始社会主要靠本身的体力和智能以及一些简单的劳动工具。这样增强体力和掌握劳动技能就必然带有教育的性质。在古希腊哲学家亚里士多德的教育思想中认为，体育、德育、智育互相联系。智力的健全依赖于身体的健全，因此体育应先于智育。在我国古代的教育中，以"六艺"(礼、乐、射、御、书、数)为主要内容，其中射、御均有体育教育的显著内容。在古希腊的学校教育中，奴隶主子弟从小学起就要接受严格的体操和军事训练，学习角力、竞走、跳高、掷标枪和游泳，其目的是把本阶级的子弟培养成军事统治者。

今天，在世界任何一个国家或地区，均强调德、智、体的全面教育。尽管存在教学内容的差异，但体育是教育不可缺少的组成部分。体育教育在传授生活技能、教导社会规范、培养竞争意识、提高适应能力等方面发挥了巨大的作用。随着现代社会的发展，现代体育教育并不仅仅局限于学校体育的范畴之内，而在竞技体育和大众体育中均显示出体育的教育功能。如竞技体育的训练本身就是教育的过程，竞赛的过程更具广泛的教育意义，通过竞赛可以培养国人的爱国主义热情和顽强拼搏、无私奉献的精神；在大众体育中，从学习健身、娱乐、保健等技能来看，都含有教育的因素，能者为师是这一活动类型的典型教育因素。现代体育教育已不仅是促进生长发育、增强体质，也不仅是锻炼身体、提高素质、掌握技能，而重在培养终身从事体育锻炼的兴趣和习惯，以改善生活方式，提高生活质量，适应现代社会发展的需要。

(2) 强健身心功能。人类在很早以前就已认识到，通过身体直接参与体育活动，不仅可以改变自身的生理功能，而且还可以改变自身的心理状态。经理论研究者的大量科学实验证明，体育运动可以促使有机体的生长发育，改善各器官系统的机能，培养良好的心理素质，从而增进健康(生理和心理的健康)，增强体质，防治疾病，提高有机体的工作效率。

(3) 改善和提高中枢神经系统的功能。实践证明，经常参加体育运动，可以改变大脑的供血、供氧状况，使人头脑清醒，思维敏捷，大脑皮层的兴奋性增强，抑制加深，神经过程的均衡性和灵活性得到提高，对内外刺激的反应更加迅速、准确，大脑皮层的分析、综合能力增强，中枢神经系统对身体各器官系统作用提高，促使各器官系统的活动更加灵活和协调，保证有机体对外界环境的适应性，从而提高工作效率。

(4) 促进生长发育，塑造健美体形，提高运动能力。经常运动可以使管状骨变粗、骨密质增厚、骨结节和骨粗隆增大、骨小梁的排列也随之产生适应性变化，使骨骼更加坚实，抗压力增强。特别是能使脊椎、胸廓和骨盆等支撑器官的发展更趋完美，为塑造健美体形创造条件。同时使肌纤维增粗，肌肉壮实、有力，从而提高劳动效能和运动能力。

(5) 促进内脏器官构造的改善和机能的提高。运动可使人体内血液循环加快，能量消耗增加，代谢产物增多，新陈代谢旺盛，从而使血液循环系统、呼吸系统、消化系统、排泄系统的机能得到改善。如心脏，经过长期锻炼，可能产生运动性肥大，心壁增厚，心容积增大，每搏输出量增加，安静时出现心搏徐缓，出现机能"节省化"的现象。同时，肺活量增大，呼吸深度加深。

(6) 调节、改善人的心理情绪，提高适应能力。体育运动可使人朝气蓬勃，充满活力，生活愉快，精神健康，消除意志消沉和情绪沮丧等不良情绪和心理问题，使人性格豁达，从而提高适应自然环境和社会环境的能力，提高对疾病的抵抗能力，获得延年益寿的效果。

随着现代社会工作和生活节奏的加快，对人体的健康提出了更高的要求，人们已经认识到，无疾病并不等于健康。因此，人们积极投身于体育运动之中。所以，体育的强健身心功能在未来社会里将越来越受到重视。

(7) 娱乐功能。由于体育具有游戏性、大众性、艺术性、惊险性，能满足社会不同人的各种需要，起到丰富社会文化生活、愉悦人们身心的作用，故它具有娱乐功能。体育的娱乐功能体现在两个方面：一是观赏(观赏也是一种参与)，二是直接参与活动。随着运动技艺日益向高、尖、新、难的方向发展，运动员在时间与空间、健与美、韵律与节奏等方面使之巧妙地结合起来，使人们在观看比赛时，犹如欣赏优美的舞蹈、线条明快的雕塑、光线和谐的摄影艺术品，使人得到美的享受。正因为体育有如此的魅力，所以常常吸引广大观众锁住频道"聚焦"于电视机前；吸引广大体育爱好者(球迷)身临其境观看比赛，运动员每一个精彩的动作与失误，均会引起观众的欢呼雀跃与叹息，人们的心被紧紧地牵动着。

人们直接参与活动，特别是自己喜爱和擅长的运动项目，能够在完成各种复杂练习的过程中，在征服自然障碍的斗争中，体验到一种非常美妙的快感。这种心理状态可以激发人的自尊心、自信心、自豪感，满足人们与同伴交往、合作的需要。人们参与到不同的运动项目中均会有不同的情感体验。现代人需要体育运动，需要体育这一娱乐功能，并用以改善与调节都市生活给人带来的与大自然的隔绝；改善由于机械化、自动化、智力化给人的神经系统带来的高度紧张；改善由于食物构成向高脂肪、高蛋白质的方向发展而带来的人体的运动不足、营养过剩所导致的肥胖病、心血管疾病。在现代生活方式中，强调健康的、科学的、文明的生活方式，投身于体育运动，从而提高生活质量。

2. 体育的非本质功能

(1) 政治功能。体育的政治功能主要体现在为国争光、提高民族威望和国际地位上。大型国际比赛的胜负会影响国家荣誉，世界上许多国家历来把国际比赛视为展示本国制度、本民族意识的重要舞台。因此，它对维护世界和平、促进各国人民之间的交流、确定国际上的正常关系准则都有重要作用，同时在人类社会的自我调节机制中也发挥着独特的作用。例如，俄国十月革命发生 35 年以后，苏联第一次参加奥运会就与美国平分秋色，显示了社会主义国家的力量。1972 年美国在奥运会的决赛中输给了苏联，引起了美国公众的普遍不满。我国体育健儿多年来在奥运赛场上频频传出捷报，从"零"的突破到金牌总数几十枚，从中国女排的"五连冠"到中国乒乓球队囊括"世界乒乓球锦标赛"的所有比赛项目的金牌，使中国人扬眉吐气。

(2) 经济功能。在现代社会中，体育既是一种经济力量，也是一种推动和制约经济发展的动力。虽然体育本身不是生产力，不能产生经济效果，但是，它能培养合格的劳动者，提高劳动生产效率，降低伤病率，提高出勤率，从而促进生产力的发展。同时，随着现代体育和社会的不断发展，体育已成为一个兴旺的经济行业。从体育场馆的建造，到体育器材、运动服装、运动食品的研制、生产与销售，再到体育社会文化现象的产生(诸如电视转播权出售，门票出售，奖券出售，广告费的收取，纪念邮票、纪念币、纪念章的销售，运动选手的有价转让，参赛选手的出场费的收取，明星选手的生产经营)，以及体育旅游业、保险业、康复健美业等的兴起，均体现出巨大的经济功能，并获得了较大的体育经济效益。

(3) 科技功能。体育从它为生产斗争、阶级斗争服务以来，人类一直都在研究，怎样才能跑得快、跳得高、掷得远，怎样才能为生产力的发展培养优秀的人才，为保家卫国培养合格的士兵。现代体育发展至今，均得益于现代科技的进步，没有科技的发展，不可能有今天的体育。有的学者认为，"体育是现代科技的橱窗"，"奥林匹克运动场上的竞争实质上是各国科学技术的竞争"，从田径运动起跑的蹬地角度、跳高的起跳时间，到标枪重心的前移，从体操的各种高难度动作，到跳水的入水分析，都注入了运动生物力学的研究；从中国女排郎平的每一记重扣到刘国梁的每一板抽杀，无一不被外国体育竞争者摄影、录像，以研究出克制我国选手的方法，找到制胜的手段，为获取比赛胜利打下坚实的理论基础。因此，体育的科技功能备受重视。

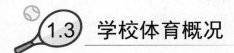

1.3　学校体育概况

在现代学校教育体系中，体育在一定程度上不被学校重视，导致大、中、小学生的体质和身体素质呈明显下降趋势，要改变这一现状，学校教育和学校体育必须改革和发展。

1.3.1　高校体育的地位

随着 21 世纪的到来，人类历史在经历了天然经济、自然经济和工业经济时代后又迎来了知识经济时代，由于工业经济和知识经济社会人类劳动形式的特点是几乎不需要全身性的大肌肉运动，这使人类在摆脱繁重体力劳动的同时，由于运动活动的减少而使人类体质面临急剧下降的危险。为维护自身的体质和健康，乃至作为一个种群的继续存在，人类对体育产生了前所未有的强烈需要，体育意识得到了不断的巩固和强化。面对社会发展的大趋势，为了全面贯彻党的教育方针，保证我国政治、教育和经济改革的顺利进行，实现"培养体魄健壮，具有现代意识和精神的社会主义合格建设人才"的目标，高校体育的社会地位也在不断提高。

1. 在民族体质建设中的地位

一个民族的体质水平是这个民族进步和发展的重要标志，对于某一个体来说，体质状况是一个人能否搞好学习、工作和幸福生活的重要基础。因此，健康体魄是大学生为祖国和人民服务的基本前提，是中华民族旺盛生命力的生动体现。人的生长发育和体质水平受到多种因素的影响，如种族、气候、地理、遗传、生活环境、劳动方式、营养、疾病、医疗卫生、体育锻炼等，随着现代体育"多功能特征"的确认，体育锻炼已成为增强体质的最积极、最便利的因素。通过经常的体育锻炼，可以提高人的体力、智力和能力，为健全劳动者的体格，发展体能，增强对环境的适应能力和对疾病的抵抗能力，增强意志，改善民族素质，保持良好的劳动效率，提高在艰苦条件工作的忍耐性等提供坚实的体质基础。特别对高校学生而言，由于大学生正处于身体发育的关键时期，各器官系统的机能和适应能力均已发展到较高水平，正处于性发育成熟、人体生命活动最旺盛的时期。在这一时期通过体育教育可使学生身心得到全面的锻炼，促进体格、体能、适应能力、心理及智力的健全发展，为一生的学习、工作和幸福生活打下良好的基础，实现"为祖国健康工作 50年"的奋斗目标。此外，根据遗传学规律，这种体质优势还将直接影响下一代的成长，对改善民族的体质水平有着极为深远的战略意义。此外，民族素质的提高，将促进国家经济发展。这些都确定了高校体育教育在促进民族体质建设和物质文明建设中的地位。

2. 在民族文化建设中的地位

随着社会发展和人们物质文化生活水平的提高，作为人类文化重要组成部分的体育已日益成为现代文明生活中不可缺少的重要内容。对于大学生来说，由于身心活动处于飞跃阶段，朝气蓬勃并充满青春活力，敢于创新，富于幻想和喜欢憧憬未来，因而在享受、娱乐、审美、社交等方面，都有较强烈的精神追求。这样，通过体育教育不仅可以让大学生获得享受体育文化的能力，而且从直接参与体育实践的体验中，获得调节生活内容，丰富文化生活，改变生活方式，享受精神乐趣，保持心态平衡等方面的益处。还能通过积极引导，培养学生热爱祖国的美好情感，激发他们勇于进取，养成勇敢顽强、敢于竞争、刻苦耐劳、不甘落后的精神。这些都充分体现了体育教育在促进民族文化建设和思想建设中的地位。

1.3.2 高校体育的目标与任务

高校体育是高校教育的重要组成部分，它以培养人才为宗旨，与德育和智育相结合，共同完成高等教育的任务。从我国社会发展的实际出发，根据《中共中央国务院关于深化教育改革全面推进素质教育的决定》的要求，高校体育必须着眼于提高整个民族的体质和健康水平，树立健康第一的指导思想，遵循大学生的身心特点和教育规律，使学生身心获得全面发展，使学生毕业后，在知识经济时代以脑力劳动和知识创新为特点的工作中做出应有的贡献。因此，高校体育的总体目标是以育人为宗旨，引导和教育大学生主动、积极地锻炼身体，掌握现代体育科学的基本知识、技能、技术和锻炼身体的方法；有效增强体质，促进身心和谐发展；建立正确的体育意识和观念；提高体育文化素养；获得独立从事体育锻炼的基本能力；培养"终身体育"的兴趣和习惯，为自身的全面发展打下良好的基础；还要努力创造条件提高少数具有竞技运动才能学生的运动技术水平，为国家培养和输送优秀体育人才。

根据总体目标的要求，高校体育应完成以下任务。

第一，增进健康，增强体质，提高学生的体能和适应能力，促进身心全面发展。健康是人生的最大财富。正处于青春旺盛期的高校学生，不能满足于生长发育正常和没有疾病的一般健康水平，应该具有强壮的体魄、良好的机体工作能力和适应能力，为未来的事业和一辈子的健康生活打下坚实的体质基础。因此，在学校学习的最后阶段，要通过体育锻炼使体格健壮，体形匀称，姿态健美，行动矫健，机灵应变，能担当重任，精力充沛，并且具有较强的适应环境变化与抵抗疾病的能力。

第二，使学生掌握体育的基本理论知识，助其建立正确的健康观念，培养积极参与体育活动的意识和习惯，掌握科学锻炼身体的基本技能，为终身体育打下基础。体育基本知识是现代文化的重要内容之一，是大学生应具备的文化素养，其中的一部分知识又是指导个人体育行为实践的先导。体育运动技术是前人通过实践总结的合理、有效的动作方法，正确地掌握这种方法，就形成了运动技能。任何人要想掌握运动技能，就必须亲身参加体育实践，要锻炼身体就必须掌握一定的运动技能，这两者统一于同一过程中，所以锻炼身体也好，掌握运动技能也好，非亲身参加不可，别人无法代劳。一个人必须掌握多少运动技能呢？毛泽东同志在《体育之研究》中辩证地指出，"锻一己之身方法宜少，应诸方之效者方法宜多"，意即运用于一个人增强体质的内容可以少而精，而对一群人应对生活中需要的实用技能来说，则应该丰富多样。

第三，进行思想品德教育，增强组织纪律性，培养勇敢、顽强、进取精神。思想品德教育包括爱国主义教育、道德教育、意志品质教育等。组织纪律性包括集体主义精神和遵守行为规范。勇敢、顽强、进取是一种自强不息、奋发向上、无私奉献的精神。这些教育贯穿于高校体育的全过程之中，具有渗透性、持续性、迁移性。它是高校精神文明建设的一条重要渠道。

第四，在广泛开展群众性体育活动的基础上提高运动技术水平。在普及的基础上提高，在提高的指导下普及是体育事业发展的基本方针。提高运动技术水平是相对的，运动技术有基本的、初级的、中级的，乃至高的、难的、新的。高校的体育是普通体育，应当面向全体学生。就广大学生而言，应要求其掌握最基本的体育技能。体质和运动基础较好的学生在这个基础上可通过一定的途径学习技术稍复杂的动作。即在共性中发展个性，从群体中培养骨干，提高运动技术水平。部分学校可充分利用学校科技和人才优势，采取特定的措施和手段对某些独具运动天赋的学生进行特殊的训练和培养，建立高水平运动队，培养"明星运动员"，为国家输送优秀后备体育人才和扩大国际交往能力。

1.3.3　高校体育的基本途径

高校体育的目标是高校体育工作的出发点和依据，也是高校体育工作的落脚点和归宿，为了实现高校体育的总体目标并完成具体教学任务，根据《学校体育工作条例》要求，可采用体育课程教学、课外体育活动、课余体育训练、课余体育竞赛四种基本方式。

1. 体育课程教学

体育课程教学是高校体育工作的中心，是高等学校教学所规定的必修课程。由于体育课程是按照教学计划和教学大纲组织的专门的教育过程，因而是实现高校体育目标与完成教学任务的最基本途径。

《学校体育工作条例》[①]规定普通高等学校的一、二年级必须开设体育课，三年级以上开设体育选修课。根据各高等学校实际，一般在一年级开设体育普修课，二年级开设体育选项课。个别有条件的学校在高年级开设体育选修课。目前，许多学校积极探索体育改革的途径，一些学校从一年级就开设选项课，并面向全校学生开设体育选修课，且纳入素质教育学分管理之中，作为素质教育的一项重要内容。还有部分学校对俱乐部式的教学模式进行了实践探索，力图按学生兴趣施教，使体育课程教学与课外体育活动更紧密地联系起来，更好地实现高校体育教学目标。不管开设什么形式的体育课，目的都是使全体学生更好地增强体质，增进健康，提高体育文化素养，养成"终身锻炼"的意识与习惯。按照《中华人民共和国体育法》的规定，"学校必须开设体育课，并将体育课列为考核学生学业成绩的科目"，体育课程考核不及格者，不发给毕业证书。因此，体育课程具有明显的法定性和强制性。但就大学生而言，上体育课是国家赋予自己参与体育活动的权利，每个

---

① 1990 年 2 月 20 日国务院批准，1990 年 3 月 12 日国家教育委员会令第 8 号、国家体育运动委员会令第 11 号发布；根据 2017 年 3 月 1 日《国务院关于修改和废止部分行政法规的决定》修订。

大学生都应运用这一权利，主动地、自觉地、积极地参与体育课程教学活动，从而享受到体育带来的无限乐趣。

体育课程可分为理论与实践两个部分。理论课依据体育理论教材由教师在室内课堂进行讲授，内容主要包括体育科学知识及体育实践方法。按照《大学生体育合格标准》的要求，为了加强大学生对体育知识与文化内涵的理解，高校体育应适当增加理论课的学时，并作为体育课程考核内容的一部分。实践课则以身体练习为基本锻炼手段，通过提供体育锻炼所需的运动场地与设施，构成以教师为主导、学生为主体的专门教学模式。由于教育对象在教学过程中要接受一定的运动负荷，因而体力与智力的相互联系与作用，使实践课教学在遵循一般教学普遍法则的基础上，还必须遵循动作技能形成的规律、人体机能活动的规律和人体能力变化的规律。当前，为适应现代教育的发展趋势，根据"终身教育所强调的关于个人接受教育的方式不应与自身相冲突"的观点，重视培养学生体育锻炼的兴趣、习惯与能力，并以个性发展的统一性、全面性和连续性原则，高校体育课程可分为以下几种主要形式。

(1) 普通体育课。普通体育课是专为普通高等学校一、二年级学生所开设的必修体育课。教学内容具有基础性，教学要求具有普遍性，要求完成体育教学大纲中的基本任务。凡身体健康无残疾的学生都必须按规定要求通过考核标准。普通体育课有严格的学时规定及学籍管理的约束，但为了提高培养跨世纪人才的质量，主动适应社会主义市场经济体制的需要，目前围绕教学大纲、教材体系、教学俱乐部等重大问题，制定课内外一体化，加强体育理论课和实行教学俱乐部制等改造措施，必将对体育课程建设产生积极的影响。

(2) 体育选修课。根据《学校体育工作条例》中的规定，普通高等学校必须为三年级以上学生开设体育选修课。选修课是在完成普通体育课要求的基础上，根据个人的兴趣与爱好，让学生选择某一运动项目进行专门训练，不断提高专项技术水平和能力。在高校更好地推行"全民健身计划"，寻找终身体育、成功体育、娱乐体育与全民健身的结合点，并把体育意识、体育能力的培养以及养成体育锻炼习惯作为追求目标，已成为体育选修课重点需要解决的问题。

(3) 体育保健课。体育保健课专为患有慢性病或有残疾的学生开设。其目的在于增强其体质，帮助其恢复健康，调节生理功能和矫正某些身体缺陷。根据《大学生体育合格标准实施办法》中的有关规定，参加保健课的学生必须经医院证明，体育教研室(部)同意。教学内容的选择应注意保健性，具体要求可适当放宽。但最近几年，由于社会变革使人们的生活节奏加快和思想观念更新引起的心态变化等原因，健康教育，特别是青少年心理健康的教育日益受到重视。为了适应这种需要，如何使体育保健课与健康教育接轨，并协同解决心理健康、卫生保健等问题，已成为体育保健课所要完成的重大任务。

体育实践课由于不同的教材与教学任务，可以有不同的教学操作程序。一般情况下，一堂实践课应包括身心准备阶段，教、学、练基本阶段和放松阶段三个部分，通常称为准备部分、基本部分和结束部分。体育实践课的操作程序三阶段的理论依据是人的一次身体锻炼活动必须受人体生理机能变化规律的制约。理解这一规律及各个阶段人体负荷必须符合常态生理曲线是极其重要的，高等学校体育课是 90 分钟一堂课，其基本部分生理曲线可以出现两个波峰，后一个峰比前一个峰可高一点。从时间上看，第一个峰可能出现在第 35～45 分钟，然后可通过讲评，转换练习，稍作休息等进行短暂的身体恢复。第二个峰可能出现在第 70~85 分钟，然后即进入结束部分使身体得到放松，逐渐恢复到相对安静状态(见表 1-1)。

表 1-1　体育实践课中人体生理功能变化情况

人体生理功能的三个阶段	上升阶段	保持相对的最高水平阶段	下降阶段
三个阶段的任务与要求	主要是组织学生，明确任务。从生理上、心理上动员学生，逐步提高大脑皮层的兴奋性，做好准备活动，发展各主肌肉群，做关节韧带活动，培养正确姿势，进一步提高机体活力，使人体进入工作状态	使大脑皮层具有适宜的兴奋性，人体工作能力保持相对的最高水平，学习规定的某些主要体育知识、技能，提高运动能力和技术水平	人体出现疲劳，大脑皮层兴奋性下降，工作能力逐渐降低，进行整理活动，使机体逐渐恢复到相对安静状态
分为三个部分	准备部分	基本部分	结束部分

体育实践课与其他课程教学的区别除了在户外进行以身体活动为主外，身体承受运动负荷是其主要特点。为了能顺利完成课堂教学任务，大学生必须自觉恪守以下行为规范。

(1) 着装符合身体练习的要求，应穿运动衣裤、运动鞋，不能穿皮鞋、高跟鞋等，手表、钥匙等应在上课前上交统一保管。

(2) 注意安全，做好准备活动，预防运动损伤，按教师的要求循序渐进地进行练习，身体出现异常状况，特别是发现有心脏功能不适，应及时向教师报告。

(3) 上课开始及课中的集合要做到快、齐、静，一般要求在教师发出集合命令后 10 秒内应站好队形，教师讲解时应全神贯注。对于不遵守常规的不良行为应及时指出并严厉批评，营造良好的课堂风气。

(4) 学生完成各种练习时应积极主动，尽到自己最大的努力，同时还要求根据教材内容、场地特点、器材数量按教师所提要求合理有序地进行。

(5) 认真观察与思考，互教、互示、互相保护与帮助。

(6) 爱护体育器材，在体育委员的组织下每次课前轮流借好器材，协助教师布置场地，课中注意保管好器材，下课前要清点和归还器材。

2. 课外体育活动

课外体育活动包括作息制度中的早操、课间操和课外体育活动、校外体育活动等多种形式。它虽然不像体育课程教学那样有规定的内容、严格的组织形式和考核标准，但根据《大学生体育合格标准》的有关规定，课外体育活动是综合评定学生体育合格标准成绩的一个方面，学生"课外体育锻炼"的应出勤次数和评分标准由学校确定，但除特殊情况外，"早操"每周不得少于三次，"课外活动"每周不得少于两次；"课外体育锻炼"出勤未达到应出勤次数的 85%者，该项成绩记为不及格，该学年的体育合格标准成绩最高记分为 59 分。

课外体育活动一般每次 1 小时，也可根据实际情况延长或缩短，但以振奋精神、活跃情绪、持之以恒和不过于疲劳为原则。其内容可以是体育课程教学内容的延伸，可以采用

《国家体育锻炼标准》的内容，也可以根据兴趣特点开展各种各样有益于身心发展的体育娱乐活动。所采取的形式多样易行，可独立按计划进行，或组成兴趣小组，或以体育俱乐部、体育协会等组织进行锻炼，也可以进行班级间的一些小型多样的竞赛活动。其主要目的是增强体质，调节身心，消除脑力活动引起的疲劳，为提高学习和工作效率服务。

校外体育活动是指学生在家庭和社会上进行的体育锻炼。它是学校体育的延续和补充，对学生增进健康，增长知识，丰富文化生活，开展社交活动和发展运动兴趣，提高运动技术水平，养成良好的体育意识与习惯均有着不可低估的作用。学生可以利用假日去体育场(馆)、游泳池、射击场、公园等社会场所参加辅导、测验、比赛和游乐活动，可以有计划有组织地进行郊游、远足、爬山、野营等活动，还可以参加寒暑假中举行的冬令营、夏令营等多种形式的体育活动。

3. 课余体育训练

课余体育训练是指利用课余时间，对部分热爱体育运动、身体素质好、有专项运动特长的学生，按项目组织起来，进行系统训练的一种专门教育方式。其目的是提高学校体育运动技术水平，推动群众性体育活动的开展。它本身是学生课外体育活动的重要组成部分，同时也是高校体育贯彻普及与提高相结合方针的重要措施，是在体育课程教学和课外体育活动基础上实现高校体育目标与完成任务的一条基本途径。

在高校可以组建不同水平不同形式的队伍进行课余体育训练，一般有以下几种形式。

(1) 兴趣运动训练队。只要身体素质好，有专项特长，兴趣浓厚，本人自愿，经过批准就可以参加。项目设置一般应根据学校的师资、场地设备、传统运动项目等条件来决定。训练可以是为参加校际或上级组织的比赛，也可以不为任何比赛，而仅仅只是为了增强体质，提高运动技术水平。这种训练队常以单项协会或俱乐部的形式完成训练任务。在这种训练队基础上可以产生班队、年级队、系队、校队的优秀人才。

(2) 学校代表队。一般是有定期比赛的项目，其目的主要是代表学校参加校际或上级组织的比赛，项目设置一般根据学校传统运动项目和上级比赛的竞赛规程来决定，其队数和每队人数均比兴趣训练队少，一般由运动技术水平较高、学习成绩合格、思想素质较好的学生组成。

(3) 高水平运动队。根据《学校体育工作条例》的有关规定，普通高等学校经教育部批准，可以开展培养优秀体育后备人才的训练，且对运动水平较高，具有培养前途的学生，报教育部批准，可适当延长学习年限。据此，我国高校课余体育训练有了新的含义。目前，各高等院校根据学校实际，正致力于对高水平运动队的招生、学制及训练与管理的探索与创新。为适应开拓竞技体育人才输送渠道和扩大国际交往的需要，积极创造条件，使课余体育训练逐步走向科学化和系统化。

由于运动训练本身是一个科学而复杂的教育过程，其实质是对运动员的身体进行改造，训练内容包括身体训练、技术训练、战术训练、心理训练和队风训练等。因此，为了提高机能水平和运动成绩，除了必须根据大学生的年龄特征、运动基础、作息制度及生理、心理特点制订专门的训练计划外，还应遵循运动训练的基本原则，采用科学的训练方法。

4. 课余体育竞赛

课余体育竞赛是检查体育教学、体育锻炼和运动训练效果的一种重要手段，由于其所具有的竞技与娱乐性的特点，不仅可以活跃课余生活、振奋精神、愉悦身心，还可以增强大学生的交往和友谊。因此，它是吸引广大学生参加体育健身活动的一种好形式，对实现高校体育目标与完成体育教学任务有着积极的影响。课余体育竞赛应贯彻小型多样、单项分散、基层为主、勤俭节约的原则。全校性的运动会和体育节一般由学校组成一个组织委员会来负责领导和组织工作；单项赛一般由体育课部配合单项协会和俱乐部组织；其他简便易行的竞赛，如拔河、跳绳、踢毽等，可在体育教师的指导下由学生社团、队组织完成。为迎接比赛，特别是全校性的竞赛，各参赛单位要兴起锻炼和选拔热潮，要有强烈的参与意识，真正做到全民健身、全民参与，使体育竞赛成为推动高校体育工作的有力杠杆。

另外，还可通过开展各种形式的校际体育竞赛活动，以扩大大学生的视野和提高社会交往能力。根据《大学生体育合格标准》的规定，参加学生体育比赛获优秀成绩者或获等级运动员称号者，均可在体育合格标准成绩中获奖学分 3～5 分。

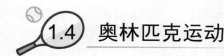

1.4　奥林匹克运动

奥林匹克运动会，是国际奥林匹克委员会主办的世界规模最大的综合性运动会，每四年一届，会期不超过 16 日，是世界上影响力最大的体育盛会。不过 2020 年东京奥运会因为全球性新冠肺炎疫情延期至 2021 年举办。

该运动会分为夏季奥林匹克运动会和冬季奥林匹克运动会，最早起源于古希腊，因为举办地在奥林匹亚而得名。古代奥林匹克运动会停办了 1500 年后，法国人顾拜旦于 19 世纪末提出举办现代奥林匹克运动会的倡议。奥林匹克运动会从 1896 年始每 4 年举办一次，只有在两次世界大战期间中断过三次。

1.4.1　奥林匹克运动基本简介

奥林匹克运动会是在奥林匹克主义指导下，以体育运动和四年一度的奥林匹克庆典——奥运会为主要活动内容，以促进人的生理、心理和社会道德全面发展，加深各国人民之间的相互了解，在全世界普及奥林匹克主义，维护世界和平的国际社会运动。奥林匹克运动包括以奥林匹克主义为核心的思想体系，以国际奥委会、国际单项体育联合会和各国奥委会为骨干的组织体系和以奥运会为周期的活动体系。

1894 年 6 月 23 日，当被尊称为"奥林匹克之父"的法国教育家皮埃尔·德·顾拜旦与 12 个国家的 79 名代表决定成立国际奥委会、开创奥林匹克运动时，这一壮举曾一度成为人们讽刺的对象。而在百年之后的今天，奥运会已成为普天同庆的节日，奥林匹克运动也吸引了 202 个国家和地区的积极参与。

1998 年，著名的《生活》杂志刊载了历史学家精选的过去千年中最重要的 1000 个事件和人物，1896 年顾拜旦因恢复奥运会的壮举也跻身其中，被誉为千年盛事之一。

奥林匹克运动是人类社会的一个罕见的杰作，它将体育运动的多种功能发挥得淋漓尽致，影响力远远超出了体育的范畴，在当代世界的政治、经济、哲学、文化、艺术和新闻媒介等诸多方面产生了一系列不容忽视的影响。奥林匹克运动不仅构成了现代社会所特有的体育文化景观，以其特有的文化魅力愉悦人们的身心，更以其强烈的人文精神催人奋进，生生不息。

　　奥林匹克运动是时代的产物，工业革命大大扩展了世界各民族之间在经济、政治和文化等方面的联系，各国交往日益密切，迫切需要以各种沟通手段来加强国家之间的相互了解。奥林匹克运动正是为适应这种社会需要而出现的，是人类社会发展到一定阶段的必然产物。

　　青奥会是一个为青年人举办的国际赛事，是青年人全球范围内最高水平的综合体育赛事，参赛选手年龄限制定为 14～18 周岁，比赛项目大部分与奥林匹克运动会相同，少部分不相同。青奥会每四年一届，夏季青奥会最长为 12 天。

　　奥运会与足球世界杯、世界一级方程式锦标赛并称为世界三大体育赛事。

1.4.2　奥林匹克宣言

　　1892 年 11 月 25 日，顾拜旦男爵在巴黎索邦大学举行的庆祝法国田径运动联盟成立 5 周年大会上发表了一篇精彩演讲。他号召人们"坚持不懈地追求、实现一个以现代生活条件为基础的伟大而有益的事业"。这次内容极其丰富、热情四溢的历史性演讲，后来被人们称为《奥林匹克宣言》。1914 年，第一次世界大战爆发。这份演讲稿在战乱环境中未能公开刊登，顾拜旦只能悄悄地把它藏匿起来。1937 年，顾拜旦因心脏病急性发作去世，那份曾经令人振奋和激动的宣言，随着演讲稿的不知去向，也似乎渐渐被遗忘。但热衷研究体育历史的法国外交分析专家弗朗索瓦·达马侯爵始终坚信手稿原件尚在人间，他通过当年报纸留下的点点滴滴间接信息，凭着蛛丝马迹走遍欧洲、北美洲、非洲。最终，达马侯爵于 20 世纪 90 年代初在瑞士一家银行的保险箱中发现了它。由此，达马侯爵成为顾拜旦《奥林匹克宣言》传播的唯一权利人。

　　1994 年，在纪念奥运百年活动期间，国际奥委会以英文、法文在内部出版了仅 1000 本《奥林匹克宣言》小册子，以此公布这份珍贵手稿的存在。2008 年 1 月 2 日，为纪念顾拜旦诞辰 145 周年，中、法、英 3 种文字的《奥林匹克宣言》全球首发庆典在北京举行。在《奥林匹克宣言》手稿遗失百年后，在中国进入奥运年时，经国际奥委会罗格主席和版权所有人法国达马侯爵同意，文明杂志社全球首次出版发行了中、法、英 3 种文字的《奥林匹克宣言》。

1.4.3　奥林匹克运动会的标志

　　奥林匹克运动会有一系列独特而鲜明的象征性标志，如奥林匹克标志、格言、奥运会会旗、会歌、会徽、奖牌、吉祥物等，这些标志有着丰富的文化含义，形象地体现了奥林匹克理想的价值取向和文化内涵。

　　奥林匹克五环标志由蓝、黑、红、黄、绿的 5 个奥林匹克环套接组成。五环标志的含义是象征五大洲的团结以及全世界的运动员以公正、坦率的比赛和友好的精神在奥林匹克运动会上相见。

　　《奥林匹克宪章》规定，奥林匹克标志、奥林匹克会旗、奥林匹克格言和奥林匹克会歌的产权属于国际奥委会专有。国际奥委会可采取一切适当措施使奥林匹克标志、会旗、格言和会歌在各国和国际上获得法律保护。

奥林匹克会旗于 1913 年由顾拜旦亲自设计，长度为 3m，宽度为 2m。1914 年为庆祝现代奥林匹克运动恢复 20 周年，在巴黎举行的奥林匹克代表大会上首次升起。1920 年安特卫普奥运会正式采用。奥林匹克会旗上面是蓝、黑、红三环，下面是黄、绿两环。

《奥林匹克圣歌》(《撒马拉斯颂歌》)在 1896 年第一届夏季奥林匹克运动会开幕式上首次演唱，但当时并未确定其为奥运会会歌。20 世纪 50 年代后有人建议重新创作新曲，作为永久性的会歌，但几经尝试都不能令人满意。国际奥委会在 1958 年于东京举行的第 55 届奥林匹克全会上最后确定还是用《奥林匹克圣歌》作为奥林匹克会歌。其乐谱存放于国际奥委会总部。从此以后，在每届奥运会的开、闭幕式上都能听到这首悠扬的古希腊乐曲。

奥林匹克格言也称奥林匹克口号。奥林匹克运动有一句著名的格言："更快、更高、更强。"这一格言是顾拜旦的好友、巴黎阿奎埃尔修道院院长迪东在他的学生举行的一次户外运动会上，鼓励学生们时说过的一句话，他说："在这里，你们的口号是：更快、更高、更强。"

顾拜旦借用过来将这句话用于奥林匹克运动。他曾经对此作出自己的解释，这或许是对奥林匹克精神最好的阐释："The most important thing in the Olympic Games is not to win but to take part, just as the most important thing in life is not the triumph but the struggle. The essential thing is not to have conquered but to have fought well."("奥运会最重要的不是胜利，而是参与；正如在生活中最重要的事情不是成功，而是奋斗；但最本质的事情并不是征服，而是奋力拼搏。")

1920 年，国际奥委会正式确认"更快、更高、更强(英文：Faster, Higher, Stronger)"为奥林匹克格言，并在 1920 年安特卫普奥运会上首次使用。此后，奥林匹克格言的拉丁文"Citius, Altius, Fortius"出现在国际奥委会的各种出版物上。奥林匹克格言充分表达了奥林匹克运动所倡导的不断进取、永不满足的奋斗精神。虽然只有短短的六个字，但其含义却非常丰富，它不仅表示在竞技运动中要不畏强手、敢于斗争、敢于胜利，而且鼓励人们在自己的生活和工作中不甘于平庸、要朝气蓬勃、永远进取、超越自我，将自己的潜能发挥到极限。2021 年 7 月 20 日，正在日本东京召开的国际奥委会第 138 次全会正式通过，将"更团结(together)"加入奥林匹克格言中，奥林匹克格言从此变为"更快、更高、更强、更团结(Faster, Higher, Stronger-Together)"，这是奥林匹克格言 108 年来首次更新。

《奥林匹克宪章》指出，奥林匹克精神就是相互了解、友谊、团结和公平竞争的精神。奥林匹克精神对奥林匹克运动具有十分重要的指导作用。首先，奥林匹克精神强调对文化差异的包容和理解。其次，奥林匹克精神强调竞技运动的公平与公正。人人平等，实现更高、更快、更强的理想。正如已故美国著名黑人田径运动员杰西·欧文斯所说"在体育运动中，人们学到的不仅仅是比赛，还有尊重他人、生活伦理、如何度过自己的一生以及如何对待自己的同类"。

《奥林匹克宪章》指出，奥林匹克运动的宗旨是："通过没有任何歧视、具有奥林匹克精神——以友谊、团结和公平竞争的精神相互理解的体育活动来教育青年，从而为建立一个和平的更美好的世界作出贡献。"

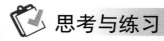

思考与练习

1. 目前普遍认为，体育(即现代体育运动)主要由学校体育、竞技体育、( )3 个部分构成。

    A. 家庭体育　　　B. 大众体育　　　C. 休闲体育　　　D. 个人体育

2. 体育的本质功能有_____。

3. 1920 年，国际奥委会将_____正式确认为奥林匹克格言。

4. 简述奥林匹克运动的精神。

5. 简述高校体育教学的目标和任务。

6. 简述体育的发展历程。

第2章 体育锻炼与健康

本章导读

　　大学阶段是人生的重要阶段，是焕发青春光彩的阶段。然而，青春的光彩是和身体健康紧密联系在一起的。俄国文豪车尔尼雪夫斯基说过这样一句话："生命是美丽的，对人来说，美丽不可能与人体的正常发育和人体的健康分开。"在人体健康的众多因素中，决定人体氧供应能力的心肺功能和强壮的体格是健康的重要因素。此外，体育锻炼对人的心理也会产生一定的影响。

2.1 大学生的生理、心理特点

2.1.1 大学生生理发育的基本特征

青少年时期是人生最宝贵、最有特点的黄金时期。人们把青年比作早晨八、九点钟的太阳，说明这是一个充满生机、蓬勃向上的时期。同时也是决定一个人一生体格、体质、心理、智力发育水平的关键时刻。我国通常把青少年时期分为初期(10～14 岁)、中期(14、15～17、18 岁)、后期(18～24 岁)三个阶段。目前在校大学生的年龄，一般在 14～22 岁，相当于青春中期和后期年龄阶段，此阶段生理发育的基本状况和特点体现在以下四个方面。

1. 形态发育

低年级学生经历了人生最后一个生长发育的高峰时期(男孩 10～14 岁，女孩 9～13 岁)，身高、体重、胸围、肩宽、头围、骨盆等外部形态，逐渐转入缓慢发展阶段。在此年龄阶段，由于性激素的作用，蛋白质、脂肪、糖和无机物含量逐渐增多，肌肉的横断面、肌肉重量和力量都明显增加，高年级的学生已接近成人水平。男女生在外部形态上出现明显差异。男生喉结突出，声带加宽，发音低沉，显得壮实。女生乳房突出，声带变长，嗓音尖细，臀部增大，肢体柔软而丰满。这些第二性征的出现，标志着人体全部器官的发育接近成熟，身高的增长开始缓慢下来，为担负繁重的脑力和体力劳动，适应各种困难的环境变化做准备。

2. 心肺系统

低年级学生的心脏，处在青年中初期，还没有达到成人水平，心肌收缩力相对较弱，心率较快，而且出现机能性心律不齐或杂音，由于性腺与甲状腺等分泌旺盛，引起血压升高，称为青春性高血压。随着年龄的增长，植物性神经系统对心脏的调节日趋完善，心率随年龄的增长而递减，血压趋于稳定。由于胸廓狭小、呼吸肌力较弱，呼吸表浅，所以肺活量小，但代谢旺盛，对氧的需要相对较大，因而呼吸频率快，呼吸深度较小，呼吸调节机能不完善。高年级学生的心脏及呼吸机能，基本达到成人水平。

3. 神经系统

神经系统是人体发育最早、最快，成熟最早的系统。6～7 岁时，脑的重量已达到成人的 90%，到了 20 岁，脑重量只增加 10%，约达 1400g，大学生正处于脑细胞建立联系的上升期，经过智育训练，特别是专业课学习，皮层细胞活动的数量迅速增加，神经元联系扩大，脑回深化，第二信号系统最高调节能力大大增强，第一和第二信号系统的联系完善起来，为思维发展创造了良好的物质条件。所以，大学时期是智力水平高、记忆力强、抽象思维获得重大发展、分析综合能力明显提高的时期。

4. 生殖系统

新生儿出生时，生殖器官已完备，但不成熟，直到进入青春期(10～20 岁)，生殖器官在脑垂体分泌促进腺激素的作用下迅速发育，并分泌性激素。性激素促使性器官发育成熟，促进第二性征出现，促使男性体格魁伟，女性体态丰满。在校大学生的生殖器官及其机能一般已达到成熟程度，具备生殖能力。

2.1.2　大学生的心理特点

大学生的心理状态是动态地发展的，随着生理发育的成熟、社会生活环境的影响，特别是大学生固有的学习和生活方式的作用，使他们在心理上发生了诸多变化，出现了以下五个方面引人注目的特点。

1. 个性基本形成

通过青年期的社会化过程，大学生的个性趋于定型。他们有不同层次的理想，对未来抱着美好的希望和幻想。他们精力充沛，兴趣广泛，乐于探索科学的各个领域，具有明确的方向性和选择性。性格逐渐形成，处于稳定发展时期。人生观、世界观逐步确立，对自然和社会现象已形成比较系统的观念和认识，具有较大的可塑性。但由于他们尚缺乏社会实践经验和生活经验，观察问题比较简单，有时要求过高过急，甚至有些人产生一些悲观消极的心理。

2. 智力发展达到高峰

大学生的注意力逐步提高，达到一定的水平，有意注意占主导地位，观察力显著提高，想象力极为丰富，记忆力和理解力迅速发展，特别是大学生的思维方式，逐步转向理论型，逻辑思维占主导地位，他们思维的独立性、批判性、创造性大大增强。

3. 情感日益丰富，情绪易于激动

大学生热情奔放，容易激动，有着丰富、复杂而又强烈的情感世界。和中学生比较，在情感的体验及情绪上可以有更长的延续性，有一定的调节和自控能力，出现比较曲折和文饰的特点，甚至外显的形式和内隐的体验有时完全不一致；和成人相比，情绪还显得动荡多变，具有不稳定性。

4. 自我意识进一步增强

大学生对自我形象的理解是丰富多彩的，面对社会对他们的期望，设计自己未来的发展方向。人际关系意识增强，力求了解别人对自己的评价。自我评价能力有较大发展，并具有一定的自我教育能力。自尊心、自信心和独立感明显增强，喜欢发表自己的见解和表现其才能。唯父母、师长之命和人云亦云的现象大为减少，要求别人尊重自己、厌恶他人对自己的干涉，希望成为自己命运的主人。

5. 性意识明显增强

大学生追求异性和选择配偶的欲望随年龄的上升而逐渐增强。爱情成为大学生情感体验的一个重要方面，也是心理发展上的一个突出特点。他们向往美好的爱情，多数人表现出积极接近异性的倾向，同异性交往特别敏感，男女同学间的相互吸引力显著增强，希望在异性面前表现自己的才能并引起对方的注意，盼望选择一个理想的对象作为终身伴侣。大学生对选择配偶标准的认识，总体来说是健康的。当然少数人也存在一些问题，诸如新生刚入学就急于谈恋爱，高年级的男生倾向于找低年级或刚入学的女生等，热恋影响学习，失恋不能自拔，轻率对待恋爱和两性关系等，需要对他们加强社会道德情操和行为规范教育。

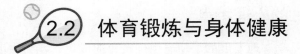

2.2 体育锻炼与身体健康

✪ 2.2.1 体育锻炼对肌肉的影响

人们在运动中完成的各种各样的优美技术动作以及日常生活中的各种活动技能，都是通过人体肌肉的主动收缩放松来实现的。

人体的 600 多块骨骼肌、206 块骨骼及关节构成人体的运动系统，骨骼构成人体支架，关节将各部位骨骼联系起来，而最终要由肌肉的收缩和放松才能实现人体的各种运动。经常参加体育运动能使骨骼变粗，使骨骼增长，有助于身体长高。科学调查证明，同年龄、同性别的青少年，经常运动的人比不运动的人身高要高 4～7 cm。经常运动的人，关节的活动范围比一般人大得多，关节的牢固性和承受的压力也比一般人强，同时提高了骨的抗断、抗弯、抗压等方面的能力。体育锻炼能使肌肉发达、结实、健壮、匀称、有力，给人一种力量和健美的感觉。

✪ 2.2.2 体育锻炼对神经的影响

神经系统是人体的"司令部"，是人体各器官活动的指挥者，人的一切活动都是在它的支配下进行的。人在进行体育活动时，神经系统不仅支配肌肉的活动，同时也可以调整内脏活动来适应肌肉的需要。大脑皮层是神经系统的最高统帅，人的大脑皮层总面积约为 2200 cm²，分布着大约 140 亿个神经细胞，这些细胞以"树突"形式在相互间取得密切联系，从而支配着人体的一切活动。经常参加体育活动，可增加脑的重量和大脑皮层的厚度；促进神经系统的发育；提高神经系统的反应能力；提高神经系统的耐久力；防止神经系统的疾病。

✪ 2.2.3 体育锻炼对心肺功能的影响

人体心肺功能的强弱，既是人体健康水平的标志，也是人体运动能力的重要基础。生理学研究表明，经常进行体育锻炼的人，心脏的重量、直径、容积均比一般人的大，心脏具有更强的工作能力，心肌细胞能获得更充足的氧气及营养供应，因而心肌细胞产生营养性肥大现象。一般人心脏重约 300 g，而运动员可增重至 400～500 g；一般人心脏容积约为 750 mL，而运动员可达 1000 mL 以上。由于强大的心脏，经常参加体育锻炼的人安静时心肌频率较慢，跳动有力。专家认为，坚持运动至少可使心脏推迟衰老 10～15 年。锻炼还对预防心血管系统疾病有良好作用。锻炼不仅可使心脏功能增强，同时还能改善体内物质代谢等过程，减少脂质在血管壁的沉积，保持与增加血管壁的良好弹性；经常锻炼还可促进体内脂肪的消耗，并能使具有保持性的高密度脂蛋白增加，这些都对心血管疾病具有积极的预防作用。

体育锻炼还能大大增强脑功能。进行体育锻炼时，由于肌肉活动需要更多的氧气，因而呼吸次数增加，深度加深，肺通气量大大增加。例如，安静时一般人每分钟呼吸 12～16 次，每次呼吸吸入新鲜空气约 500 mL，每分钟肺通气量为 6～8 L，而剧烈运动时呼吸次数可增至每分钟 40～50 次，每次呼吸吸入空气达 2500 mL，为安静时的 5 倍，每分钟肺通气量可高达 70～120 L，因而，在体育锻炼中，呼吸器官可得到很大的锻炼。

经常进行体育锻炼还有助于呼吸肌力量增大，胸廓活动性增强，使肺泡具有更好的弹性。例如，一般人在安静时，由于需氧量不多，只需要大约 1/20 的肺泡张开就可以满足需要，因此肺泡活动不足。而体育锻炼时，由于需氧量增加，促使大部分肺泡充分张开，对肺泡弹性的保持及改善十分有益，有助于预防肺气肿等疾病的发生。

2.2.4　体育锻炼可使体格更强壮、体形更健美

让自己具有健美的体形与强健的体魄是很多大学生的强烈愿望。正如俄国著名诗人马雅可夫斯基所说的著名诗句：“世界上没有任何一件衣衫能比健康的皮肤和发达的肌肉更美丽。”健壮的体格是健康的标志之一，同时又是取得优异运动成绩的基础。

锻炼肌肉，增强肌肉力量，促进体格健壮，对人体健康有良好的作用。两个体重相当的人不一定都同样健壮，体内脂肪的增加也可以使体重增加。强壮体格需要的是体内适中的脂肪和较发达的肌肉，锻炼后的体重增加主要是肌肉的发达。肌肉的发达健壮，绝不是依靠饮食和休息就能获得的，肌肉发达的主要途径是体育锻炼。

体形是人体身高、体重及身体各部分比例的概括性名称。每个人都希望自己体形健美，身材匀称，肌肉健壮，动作协调，举止优雅，身材修长而不单薄，丰腴而不臃肿。体形虽然在一定程度上受遗传因素的影响，但后天的体育锻炼对体形的完美发展仍具有积极的影响。不过，肌肉锻炼不仅要遵循科学的方法及原则，还要注意保持正确优美的体态姿势。不良的姿态，不仅影响身体形象，也不利于健康。而参加体育锻炼，身体各部分肌肉的匀称发展，对不良体态的改善与纠正会有积极作用。

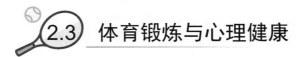

2.3　体育锻炼与心理健康

2.3.1　什么是心理健康

心理健康，是指个体在各种环境中保持最佳心理效能的状态。心理健康的人，可以在本身及环境条件许可的范围内，有可能达到最佳的心理状态，获得最佳的工作、学习效率。我们常讲的“心理”就是精神，涉及感觉、知觉、记忆、思维、情感、意志、性格、能力、意识倾向等心理因素。心理属于人的内心世界，是人脑对客观事物的反映。人的心理活动是由大脑产生的。“心理”这个看不见、摸不着的东西，能给人健康与幸福，也能使人产生疾病与痛苦。因为人在认识客观事物的时候，总会对它持一定的态度，产生满意、喜悦或愤怒、悲哀等情感，从而对健康带来不同的影响。精神的作用是很重要的，精神力量可以战胜困苦，可以由衰变强，不正确的精神和不良的心理状态，会带来不良的结果。“病从气出”“乐观者长寿”都是实践经验概括的至理名言。

2.3.2　体育锻炼对大学生心理健康的影响

1. 调节情绪

情绪是人对客观事物是否符合自己需要而产生的态度体验，是心理健康的主要指标。大学生常因学习的压力、同学之间的竞争、人际关系的复杂以及对未来前程的担心而持续产生紧张、焦虑、压抑和不安等心理。通过体育锻炼则可以消除个体不愉快的意识、情绪，使人从烦恼和痛苦中解脱出来。

2. 正确树立自我意识

自我的概念是个体主观对自己的身体、思想和情感等的整体评价，它是由自我认识形成的。经常参加体育锻炼可以改变自己的身体形象，如男生的强健有力，女生形体的健美，会起到改善身体表象的作用。就形体表象而言，许多人都存在着心理障碍，这是一种普遍现象，并随着年龄的增长变得越发明显。很多男生对自己的体形不满，女生则过多注重身高，而低估了体重，等等。通过适当的体育锻炼，既可改善身体表象，又能克服心理上的障碍，达到身心健康的目的。

3. 提高智能

长时间地进行脑力劳动后，通过体育锻炼有益于呼吸、血液循环和神经细胞兴奋与抑制的交替，更有助于大学生的注意力、记忆力、想象力、思维分析等心智能力的健康发展，并使其情绪稳定、性格开朗、疲劳感下降等，这些非智力成分对人的智能的发展具有促进作用。

4. 培养意志品质

意志品质是指人的果断性、坚韧性、自制力以及勇敢顽强和主动独立等精神。意志品质既是在克服困难的过程中表现出来的，又是在克服困难的过程中培养起来的。由于体育锻炼有独特的环境(如气候、动作难度、场地、器材等)，它要求学生不断地克服客观困难和主观困难(胆怯、畏惧、疲劳和运动损伤等)，在克服各种困难之中培养良好的意志品质，并能将之迁移到日常生活、学习中去。

5. 消除疲劳

疲劳是一种综合性症状，与人的生理和心理因素有关，学生在持续紧张的学习中所产生的压力下，或是在情绪消极、低沉时，生理和心理上都容易产生疲劳感。这种疲劳感极易造成神经衰弱的后果，而研究表明，经常参加适当的体育锻炼，对消除疲劳，保持良好的情绪状态有很大的益处。

6. 治疗心理疾病

体育锻炼已经被公认为是一种良好的治疗心理疾病的方法。美国的一项调查显示，在1750名心理医生中，80%的人认为体育锻炼是治疗抑郁症的有效疗法之一，60%的人认为应把体育锻炼作为一种消除焦虑症的有效方法。因此，我们进行体育锻炼，不仅能增强体质，而且还能提高心理素质，治疗心理疾病。

2.4　大学生的体育锻炼

长期的体育锻炼对人的健康发展的作用是不言而喻的，以自觉的态度去促进身心健康发展，是每个大学生走向社会要认真对待的一个问题。我们知道，一个人的体质健康状况不是一成不变的，经过一定量的积累必然发生质的飞跃，既可以由弱变强，也可以由强变弱。有的同学认为年轻力壮，凭原有的体质基础不锻炼也能"顶一阵子"；有的同学认为好不容易考上大学，抓紧一切时间学习科学文化知识才对，时间花在锻炼身体上不值得；有的同学简单地把吃得好和健康画等号，认为只要营养充足，保证健康没问题；有的同学不懂得科学合理地安排生活，将许多宝贵时光消磨在"侃大山""卧谈会"上，晚睡晚起，经常顾不上吃早饭，昏昏沉沉进教室；等等。久而久之，身体健康状况就会下降，相应地导致记忆力衰退、精神不振、学习注意力不集中、失眠等心理障碍。体质健康的增强如逆水行舟，是不进则退的。

2.4.1　进入大学后怎样锻炼

从中学到大学，不仅是在教育阶段上向更高一个层次跨进，更是人生道路上的一种突变。在学习方法、生活习惯、思维方式、人际关系、闲暇时间等许多方面，好像进入了一个崭新的世界。

(1) 学校为学生自主锻炼营造了良好环境。一般情况下，中学体育场较为狭小，设备简陋，器材缺少，师资有限，学生不住在校内，客观上开展体育锻炼困难。在某种程度上使学生主观能动性和体育才能的发挥受到制约。大学的条件则有很大的不同，相对来说开展体育活动的条件要好得多，非假期学生可以 24 小时都在校内，自由性强，每人根据自己不同的体质状况，可以独立安排体育活动，较容易实现个人体育的兴趣爱好要求，充分发挥自己的体育才能。

(2) 体育锻炼中自觉性、科学性和持久性的要求更高。所谓自觉性，就是对锻炼所要实现的预期目标，在头脑中有一个清晰的认识，能把社会、学校和家庭的要求变为自己内在的锻炼要求，并把这种潜在的需要充分调动起来，使其成为体育锻炼中经常起作用的、有效的动力，从而使自己不受外界干扰，稳定地进行体育锻炼。所谓科学性，就是依据人体生理、心理的发展变化规律、体育技术掌握的规律和不同个体的特征，合理地进行锻炼，既考虑兴趣爱好的适度满足，又照顾到身体素质的全面发展，既注意选用部分多样化的手段，又不断强化有实效性的内容，严谨而艺术地组合运动量、密度、强度，使锻炼沿着健康的方向发展，不致出现运动伤害事故，保证体质得到有效的增强。所谓持久性，就是不间断地和循序渐进地进行锻炼。人体经过一个时期、一定量的体育锻炼，体质就会得以发展提高，达到一个新的水平，但由于内脏器官功能所具有的惰性特征，如不持续地"强化"，那么，已获得的"效益"将会逐渐消退。两周锻炼的停顿就可使数周锻炼成效付诸东流。

(3) 逐渐构建适合自己情况的锻炼模式。目前，大学生的体质标准尚无像文化考试那样统一严格的尺度，客观上存在着较大的差别。因此，体育锻炼不可盲目地效法他人，必须从个人的身体实际情况出发，经过体育锻炼的反复实践，逐步摸索出一套对自己学习有促进作用、对健康有益的锻炼模式。

2.4.2 锻炼内容及时间的选择

大学时期正是人生精力最充沛、生活最丰富多彩的黄金时期，进行体育锻炼也绝不可能千篇一律一个模式，必然具有多样化的特征。为了经济、实效，最好选择那些健身和娱乐价值较明显的方式。

(1) 应选择增强心肺功能的方式。如跑步、打篮球、打排球、踢足球、游泳、做韵律操等。对于一般健康的同学，只要使自己处于不停地奔跑、跳跃的运动状态，心率达到每分钟 150 次左右，并能持续 20～30 分钟时间，就可以起到增强心肺功能的良好作用。

(2) 应选择那些增强肌肉力量的锻炼方式。一个大学生只有具有匀称的体形、坚实的肌肉、强壮的躯体，才能适应高效率、快节奏、激烈竞争的社会要求。因此，抓紧大学阶段身体定型前的能促进体格发育、增进肌肉力量的锻炼，是刻不容缓的。举重、做体操、游泳、健美运动等都可以有效地改善体形。不要怕枯燥，不要看不上诸如引体向上、俯卧撑、收腹举腿、双臂屈伸等简单的动作，只要科学合理地安排运动负荷量，三个月的不懈努力，肯定会收到明显效果。

(3) 应选择娱乐游戏性的锻炼方式。这些方式对增强体质之效不一定非常显著，但对松弛紧张学习后的神经，消除疲劳，获得轻松愉快的情绪，达到心理平衡则有重要作用，如各种活动性游戏，非正式的各项球类比赛，有优美音乐伴奏的各种体操、舞蹈，校园池边漫步、节假日的郊游，等等。

(4) 对于刚入校的新同学，则应注意先选择运动量不大，强度不高的方式。如活动关节韧带的徒手操，走跑交替、轻松的校内越野跑以及一些活动性游戏等，使由于参加高考或中考几乎一年没认真锻炼的身体尽快恢复。随着体力、心肺功能、肌肉运动灵活性的提高，逐渐增大锻炼的强度和量，也可采用上面所说的三种方式。

(5) 对于体弱有病的同学，除适当注意休息、保持营养并遵医嘱服药外，一定要选择合适的方式加强体育锻炼。"世界上的一切药物对身体来说，都无法代替运动的良好作用。"你要选择保持体力和娱乐性的活动，利用早操、散步、气功、太极拳、羽毛球、乒乓球等小型轻量的锻炼方法，同医生和体育老师密切配合，加强身体的自我监督，小心谨慎地逐渐增加运动量，定会有助于身体康复和增进健康。

2.4.3 复习考试期间切勿停止锻炼

在紧张的复习考试阶段，不少同学挤压体育锻炼时间，减少必要的睡眠，以为这样可以最大限度地利用时间，取得最佳考试成绩，殊不知这样做的后果，不仅会损害身体健康，而且会使复习"事倍功半"。

大脑是人体最敏感、最娇嫩的器官，它极容易兴奋，也最容易疲劳。疲劳，特别是过度疲劳，会大大降低记忆力和思维能力，甚至对过去很熟悉的事物也可能完全忘却。当脑力劳动一定时间，逐渐产生思想不集中、烦躁、困惑、记忆力下降等现象时，这就是疲劳出现的信号，此时，切不可用"坚强的意志"去强制自己"拼搏"下去，而应顺乎生理规律，适当地休息一下。休息有两种方式：一种是消极性休息，即通过睡眠、闭目养神等方式消除疲劳；另一种是积极性休息，即进行体育锻炼。在睡眠得到基本保证的前提下，积极性休息可以收到更好的效果。

鉴于复习考试阶段时间极为宝贵，可以在体育锻炼上作以下安排。

(1) 选择最为经济实效的跑步作为保持心肺功能的锻炼手段，每次 25 分钟左右，脉搏在 150 次/分钟以上的强度，每隔一日进行一次。

(2) 学习 1 小时，可到户外做些轻松活泼的游戏。活动一下肢体，约 10 分钟即可，以松弛一下极紧张的神经，达到积极性休息的目的。

(3) 坚持做早操，以保持每日良好的生理、心理状态，不忘睡前调节大脑的活动，以防失眠，保持睡眠质量。

复习考试期间坚持体育锻炼，从表面上看失去一些学习时间，但换来的却是"事半功倍"的学习效果。广大同学把每日 8 小时学习时间抽出 1 小时进行体育锻炼的学习效果，列成"8－1＞8"的关系式，是有深刻的辩证法的。

思考与练习

1.　通常青少年时期可分为_____、_____、_____三个阶段。

2.　大学生的心理特点是_____、_____、_____、_____、_____。

3.　人体内有_____块骨骼肌和_____块骨骼及关节构成人体的_____系统。

4.　经常运动的人比不经常运动的人身高高_____厘米。

5.　一般人的心脏重量为_____克左右，而运动员可增至_____克，一般人心容积约为_____mL，而运动员可达_____mL 以上。专家认为，坚持运动至少可使心脏推迟衰老_____年。

6.　心理健康是指_____在各种环境中保持_____状态。

7.　奥林匹克的格言是_____、_____、_____、_____。

8.　奥林匹克的理想是_____，_____，_____。

第 3 章　国家学生体质健康标准

　本章导读

　　由教育部、国家体育总局共同组织编制的《学生体质健康标准》是学校教育树立"健康第一"的指导思想，是切实加强学校体育工作的具体措施。《学生体质健康标准》是《国家体育锻炼标准》的组成部分，是《国家体育锻炼标准》在学校的具体实施，是促进学生体质健康发展、激励学生积极进行体育锻炼的教育手段，是学生体质健康的个体评价标准，也是学生毕业的基本条件之一。

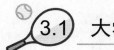

3.1 大学生体育合格标准

为了贯彻德、智、体全面发展的教育方针,鼓励学生经常锻炼身体,不断增强体质,提高自我保健能力和健康水平,成为社会主义现代化建设需要的合格人才,根据《学校体育工作条例》,特制定《大学生体育合格标准》(以下简称《标准》)。《标准》在全日制普通高等学校中实行,适用于有正式学籍的本、专科在校学生(不含体育专业生)。研究生或其他类型的高等学校学生可参照执行。

3.1.1 《标准》的计分法

(1) 开设体育课的年级,学生成绩的评定办法如下所述。

① 身体形态满分为 10 分,用维尔维克指数评定。

② 身体机能满分为 15 分,用肺活量指数评定。

③ 身体素质满分为 10 分,按《国家体育锻炼标准》达标成绩评定。

④ 视力状况满分为 5 分,按视力等级评定。

⑤ 体育课成绩满分为 50 分,按体育课总成绩评定,其中理论知识满分为 10 分,其他为 40 分。

⑥ 课外体育锻炼满分为 10 分,按早操、课外体育活动的出勤表现评定。

(2) 未开设体育课的年级,学生体育成绩的评定办法如下所述。

① 身体机能满分为 15 分,评定办法同(1);

② 身体素质满分为 50 分,评定办法同(1);

③ 视力状况满分为 5 分,评定办法同(1);

④ 课外体育锻炼满分为 30 分,评定办法同(1)。

(3) 属下列情况之一者,奖励 3～5 分,不同项可累计加分。

① "课外体育锻炼"出勤达到应出勤次数的 98%以上,并认真锻炼者。

② 《国家体育锻炼标准》达标成绩为优秀或获等级运动员称号者。

③ 参加学生体育比赛获优秀成绩者。

④ 学生会和班级的体育干部,在组织各项体育活动中工作认真负责者。

3.1.2 测试与评分标准

《标准》中的身体形态、身体机能和视力的测试按 1985 年《中国学生体质与健康调查研究检测细则》中有关方法进行。《标准》的各项评分标准见 3.2.3 节的评分表。

3.1.3 等级评定与登记

各项的实际得分之和为《标准》的最后得分。总分达到 60 分为及格,80 分为良好,90 分为优秀。每学年评定一次成绩并记入《大学生体育合格标准登记卡片》。达到《标准》良好成绩者,方可评为"三好"学生,获奖学金,达到《标准》优秀成绩者,方可获奖学分。学生毕业时的体育合格标准成绩，按各学年(包括毕业当年)的平均成绩评定，凡平均成绩达到 60 分，同时毕业当年成绩也达到 60 分者，方可作为体育合格者，准予毕业，否则，不能毕业，按结业处理。

3.2　大学生体育合格标准实施办法

关于印发《标准》及《大学生体育合格标准实施办法》的通知在 1990 年 10 月 11 日由国家教育委员会颁布。

3.2.1　实施办法

(1)　《标准》是对每个大学生接受体育教育成绩进行检验的具体尺度，是对大学生毕业进行个体评价的重要内容，也是落实学校体育教育计划的重要手段，它能较全面地反映学生的体质和健康水平。通过《标准》的实施，可以促使学生掌握体育的基本知识和科学锻炼身体的方法，养成自觉锻炼身体的习惯。

(2)　《普通高等学校学生管理规定》(国家教育委员会第 7 号令)中有关体育、健康状况方面的规定，继续执行，本《标准》中不再重复。

(3)　《标准》应在校(院)长领导下，由教务处、体育教研室(体育部)、校医院(卫生科、医务室)、学生工作部、辅导员(班主任)协同配合，共同组织实施，其职责包括：教务处负责学籍管理和考试安排；体育教研室(体育部)负责体育课、身体素质的测试和评定成绩；校医院(卫生科、医务室)负责身体形态、身体机能和视力状况的测试和评定成绩；学生工作部负责组织各系辅导员(班主任)记录学生的早操、课外体育活动的出勤情况和评定成绩；各项成绩，由体育教研室(体育部)汇总，并按照《标准》的要求，评定等级，记入《大学生体育合格标准登记卡片》。

(4)　"视力状况"的评定，按正常视力和视力低下(眼病除外)的程度分别评分。

正常视力，双眼均须在 1.0 及 1.0 以上。

视力低下者，按双眼平均视力划分等级。

(5)　"课外体育锻炼"的出勤未达到应出勤次数的 85%者，该项成绩应记为不及格，该学年的体育合格标准成绩最高记分为 59 分。

(6)　学生"课外体育锻炼"的应出勤次数和评分标准，由学校确定，但除特殊情况外，"早操"每周不得少于 3 次，"课外活动"每周不得少于两次。

(7)　对患病或有残疾的学生，经医院证明，体育教研室(体育部)同意，可以免测部分项目，但必须上保健课；换测其他项目，并注明原因和"保健"字样。

(8)　《标准》中"未开设体育课的年级"是指体育必修课已结束的高年级。

(9)　《大学生体育合格标准登记卡片》，学生毕业时要放入本人档案，《大学生体育合格标准登记卡片运行表》供各校执行《标准》时参考使用。

(10)　各省(自治区、直辖市)教育行政部门对本地各高等学校施行《标准》的情况，要认真检查督促。对施行《标准》成效卓著的学校和个人，给予表彰奖励；对弄虚作假、徇私舞弊者，要进行批评教育，情节严重者，给予行政处分。

(11) 为使《标准》的实施更加科学合理、简便易行，各校(院)要积极创造条件，逐步使用计算机，力求管理现代化、科学化。

(12) 《大学生体育合格标准登记卡片》由学校按照国家教委(或教育部)的统一规定印制。

3.2.2 锻炼方法

1. 身高标准体重

项目评价。身高是反映人体骨骼生长发育和人体纵向高度的主要形态指标。体重是反映人体横向生长和重量的指标。身高标准体重是将身高和体重综合起来，测试值以每厘米身高的体重分布，直接查表就可以判断学生体形的匀称度，体重是否超重，超了多少千克(公斤)；是否体重过轻或营养不良，轻了多少千克。该指标对于学生形成正确的身体形态观具有非常直观的教育作用。

2. 台阶试验

1) 项目评价

台阶试验是一项定量负荷机能测试，主要用以测定心血管系统的功能，也可以间接推断机体的耐力。

台阶的高度和运动的频率是固定的，台阶测试是在固定的时间(3分钟)内完成固定的负荷，根据恢复期心跳频率恢复的快慢计算指数来反映心脏对运动负荷的承受能力，在运动负荷相对等同的前提下来比较心脏功能的优劣。这就要求在完成定量负荷时心血管机能要达到一定的要求；运动开始后能够迅速动员心血管系统进行活动，以满足需要；运动结束后能够很快恢复到安静状态的水平。

2) 锻炼方法

耐力项目的锻炼能有效地改善心肺功能，加快运动后心率的恢复，提高台阶试验的水平。例如，长跑、踢足球、打篮球、游泳、滑冰、做健美操、骑自行车和跳绳等运动项目都能够使心血管系统的机能得到明显改善，有利于提高体质健康水平。

3. 1000米跑(男)、800米跑(女)

1) 项目评价

1000米跑、800米跑既能测试有氧耐力，也能测试无氧耐力的水平。由于耐力是衡量人的体质健康状况和劳动工作能力的基本要素之一，是从事各项运动必不可少的一种运动素质，因此测试耐力水平对于评价学生体质健康状况有着非常重要的意义。

长跑测验既可以反映肌肉耐力，又可以反映呼吸系统和心血管系统的机能水平，测试方法简单易行，有其他测验项目不可代替的作用。更为重要的是《标准》把长跑测试作为一种手段，用以引导学生更多地关注自己的耐力和心肺功能，主动积极地参加长跑等体育锻炼，发展体能，增强耐力，提高体质健康水平。

2) 锻炼方法

(1) 匀速跑800～1500米：全程都以均匀的速度跑。

(2) 中速跑500～1000米：要跑得轻松自然，动作协调，放开步子跑。

(3) 重复跑：反复跑几个段落(如 200 米、400 米或 800 米等)，中间休息时间较长。

(4) 越野跑。利用自然地形条件练习，如在公路、田野或山坡(上下坡跑)练习，以发展耐力、灵敏、弹跳等素质。

(5) 跑台阶、跑楼梯练习。

(6) 篮球、足球等项目的比赛。

4. 肺活量、肺活量体重指数

1) 项目评价

肺活量是指在不限时间的前提下，一次最大吸气后再尽最大力量所呼出的气体量。肺活量是反映人体生长发育水平的重要机能指标之一。

肺活量的大小与身高、体重、胸围的关系非常密切。因此，采用肺活量体重指数来进行评价。

肺活量体重指数=肺活量/体重。

2) 锻炼方法

经常运动的人比一般人的肺活量要大，呼吸次数、呼吸深度、肺活量和肺通气量这四个指标都会出现良好的变化。长跑、游泳、做健美操、跳绳、跑楼梯、上下台阶、长距离竞走、打篮球和踢足球等项目的锻炼都是提高人体肺活量的有效方法。

5. 立定跳远

1) 项目评价

立定跳远是发展下肢肌肉力量、腰腹力量、协调性及跳跃能力的指标之一，是测试爆发力的项目，爆发力要求在最短时间内发挥最大的力量。爆发力的大小不仅取决于力量，而且取决于力量和速度的结合。它在人们日常生活、劳动中有重要的意义和作用。

2) 锻炼方法

采用快速力量的各种跳跃练习以及负重练习方式，能够有效地发展腿部肌肉力量和肌肉速度，提高弹跳能力。

(1) 深蹲跳。全蹲下去，双脚同时用力向上跳起，连续做。

(2) 单脚跳。用左脚连续向上或向前跳一定的次数，再换右脚做连续跳。

(3) 多级跨步跳。连续以最少的步数，跨出最远的距离。

(4) 多级蛙跳。屈膝半蹲，上体稍前倾，双脚同时用力蹬地，充分伸直髋、膝、踝 3 个关节，同时两臂迅速上摆，身体向前跃出，双腿屈膝落地缓冲后再接着向前跳。

(5) 跳台阶。原地双脚起跳，跃上台阶或其他物体，然后再跳下，反复进行。

(6) 跳绳。采用各种方式、方法的跳绳练习。

(7) 身体负重(肩负杠铃或沙包、腰和腿绑沙袋、身穿沙衣等)做各种跳跃练习。

6. 坐位体前屈

1) 项目评价

坐位体前屈是用于反映人体柔韧性的测试项目。柔韧性是指人体完成动作时，关节、肌肉、肌腱和韧带的伸展能力。一个人的柔韧性程度越好，表示其关节的活动幅度越大，关节灵活性越强。

柔韧素质与健康的关系极为密切。柔韧性的提高，对增强身体的协调能力，更好地发挥力量、速度等素质，提高技能和技术，防止运动创伤等都有积极的作用。

2) 锻炼方法

(1) 正压腿。一腿直立，另一腿举起放于高度适当的物体上，身体正对物体，上体向前尽量用胸部贴腿，双膝不得弯曲，复原姿势后再连续做。

(2) 侧压腿。一腿直立，另一腿举起放于高度适当的物体上，身体侧对物体，上体尽量侧屈，用头的一侧贴腿，不要前倾或后仰，复原姿势后再连续做。

(3) 正踢腿。直立，两臂平举，左脚向前迈出一小步，右腿绷脚面伸直，急速有力地向上踢腿，落下时要有控制。两腿交替练习。

(4) 并腿体前屈。两腿并立，上体前屈，两手触地，上体与腿尽量贴近，复原姿势后再连续做。

(5) 两腿左右开立(大于肩宽)，上体前屈，臀部自然后移，双膝伸直，两手先向左腿外侧摸地面，复原姿势后再向右腿外侧摸地面，连续做。

(6) 双腿伸直坐于垫上或床上，上体前屈，两臂向前伸，尽力用双手触脚尖，膝关节不得弯曲，复原后再连续做。

7. 握力、握力体重指数

1) 项目评价

握力是反映前臂及手部肌肉的力量，测试其肌肉静力耐力状况的指标。一个人的握力与其全身力量高度相关，握力能够间接反映一个人的健康状况，握力增长或维持在较高水平时，健康状况良好；握力下降时，健康状况就不好。握力与体重的大小有关，故采用握力体重指数进行评分，其计算公式为

$$握力体重指数=握力÷体重×100$$

2) 锻炼方法

(1) 负重前臂屈伸。两脚自然分开，两臂下垂反握或正握杠铃杆，做前臂屈伸。也可以用哑铃、拉力器、砖头等重物进行练习。

(2) 负重腕屈伸。前臂放在桌子上或者腿上，两手正握(反握)杠铃杆或拿小哑铃等重物，做腕关节的向上、向下屈伸动作，也可以单手拿哑铃做练习。

(3) 引体向上练习。正握或反握单杠做反复向上引体练习。还可以做压臂悬垂。

(4) 两臂伸直握木棍，木棍中间结扎一条捆着重物的绳子，两手交替向前或者向后转动木棍。

(5) 爬杆或爬绳练习。

8. 仰卧起坐(女)

1) 项目评价

仰卧起坐是测试腹肌力量和耐力的一个项目。测试方法简单易行，多年来在学校体育锻炼和测验中一直受到重视。尤其是女生的腰腹肌力量对她们将来在生育等方面有着十分重要的作用。

2) 练习方法

(1) 直腿仰卧起坐。仰卧于垫子上，双腿并拢伸直，两臂上举。上腹用力，使上体坐起，两臂前伸用手触脚。然后复原姿势连续做。

（2）仰卧团身。两手上举仰卧于垫上，双腿并拢屈膝。收腹起上身，同时双膝上提，臀部随之离地，两臂抱腿，头尽量碰膝，腰部贴地。复原姿势再连续做。

（3）仰卧起坐。两手抱头仰卧于垫上，双膝屈大于 90°。左膝往上提，同时收腹夹肘起上身，尽力用右肘碰左膝。复原姿势后，再右膝往上提，同时收腹夹肘起上身，尽力用左肘碰右膝。连续做。

（4）仰卧举腿。直体仰卧于垫上，用两手抓住垫子。连续做向上直腿举腿动作。

（5）斜板仰卧起坐。两臂上举，仰卧在稍有高度的斜板上，脚朝上，头朝下，将双脚固定。当上身起坐时，两手尽量往脚尖伸去。复原姿势再连续做。

（6）支撑举腿。两臂伸直，支撑在双杠或其他物体上，身体保持正直，双腿并拢后快速收腹举腿，使大腿与上体成 90°，保持几秒后复原姿势再做。

（7）悬垂举腿。双手正握单杠或肋木(背向肋木)呈悬垂。双腿伸直最大限度地向上举起。放下复原再做。

（8）仰卧双腿举重物。仰卧于垫上，双手抓住固定物体。双脚夹重物或踝关节绑沙袋向上举起后放下。连续做数次或数十次。

（9）负重仰卧起坐。仰卧于垫上，双腿伸直，双手在头后持重物。腹肌迅速收缩。使上体坐起并前屈，然后再慢慢躺倒还原。反复练习。

3.2.3　体育合格标准

体育合格标准，如表 3-1～表 3-4 所示。

国家体育锻炼标准，即 19 岁以上男子(大学)体育项目成绩评分表和 19 岁以上女子(大学)体育项目成绩评分表如表 3-5 和表 3-6 所示(其中，跑步以所用时间衡量成绩，跳高以高度衡量成绩，跳远、立定跳远、推铅球、掷实心球均以距离衡量成绩，引体向上或仰卧起坐则以次数衡量成绩)。

表 3-1　身体形态评分表

| | | 维尔维克指数=[体重(kg)+胸围(cm)]/身高(cm)×100% | | | | |
		10	8	6	4	2
男	19 岁 以 下 (含 19 岁)	79.55≤x≤88.25	88.25<x≤90.43	90.43<x≤92.6	92.6<x≤94.78	94.78<x
			77.38≤x<79.55	75.2≤x<77.38	73.03≤x<75.2	x<73.03
	20 岁 以 上 (含 20 岁)	81.11≤x≤89.13	89.13<x≤91.14	91.14<x≤93.14	93.14<x≤95.15	95.15<x
			79.11≤x<81.11	77.1≤x<79.11	75.1≤x<77.1	x<75.1
女	19 岁 以 下 (含 19 岁)	78.31≤x≤88.53	88.53<x≤91.09	91.09<x≤93.64	93.64<x≤96.2	96.2<x
			75.56≤x<78.31	73.2≤x<75.56	70.56≤x<73.2	x<70.56
	20 岁 以 上 (含 20 岁)	78.24≤x≤88.5	88.5<x≤91.07	91.07<x≤93.63	93.63<x≤96.2	96.2<x
			75.68≤x<78.24	73.11≤x<75.68	70.6≤x<73.11	x<70.6

表 3-2　身体机能评分表

		肺活量体重指数=肺活量(mL)/体重(kg)				
		15	12	9	6	3
男	19 岁以下(含 19 岁)	88.55<x	80.12<x≤88.55	63.26<x≤80.12	54.83<x≤63.26	x≤54.83
	20 岁以上(含 20 岁)	90.28<x	81.96<x≤90.28	65.32<x≤81.96	57<x≤65.32	x≤57
女	19 岁以下(含 19 岁)	70.7<x	63.55<x≤70.7	49.25<x≤63.55	42.1<x≤49.25	x≤42.1
	20 岁以上(含 20 岁)	73.32<x	65.49<x≤73.32	49.83<x≤65.49	42<x≤49.83	x≤42

表 3-3　《国家体育锻炼标准》分数与《标准》得分换算表

《国家体育锻炼标准》分数(分)	《标准》得分(分)	
	开设体育课年级	未开设体育课年级
420	10	50
380	9	45
340	8	40
300	7	35
250	6	30
200	5	25
180	3	15
150	1	5

表 3-4　视力等级评分表

正常视力(≥1.0)		5 分
视力低下	轻度视力不良(0.7~0.9)	3 分
	中度视力不良(0.4~0.6)	2 分
	重度视力不良(≤0.3)	1 分

表 3-5　19 岁以上男子(大学)体育项目成绩评分表

项目分数(分)	50 米跑(秒)	100 米跑(秒)	1000 米跑(分秒)	跳高(米)	跳远(米)	立定跳远(米)	推铅球(米)	掷实心球(米)	引体向上(次)	得分(分)
100	6.3	12.5	3:15	1.46	5.08	2.65	10.2	14.0	17	100
95	6.4	12.8	3:20	1.44	5.02	2.61	9.9	13.7	17	95
90	6.5	13.1	3:25	1.42	4.94	2.57	9.6	13.4	16	90

续表

项目 分数 (分)	50 米 跑(秒)	100 米 跑(秒)	1000 米跑 (分秒)	跳高 (米)	跳远 (米)	立定 跳远 (米)	推铅 球(米)	掷实 心球 (米)	引体 向上 (次)	得分 (分)
85	6.6	13.4	3:30	1.40	4.86	2.53	9.3	13.1	16	85
80	6.7	13.7	3:35	1.38	4.78	2.49	9.0	12.8	15	80
75	6.8	14.0	3:40	1.36	4.70	2.45	8.7	12.5	15	75
70	6.9	14.3	3:45	1.34	4.62	2.41	8.4	12.2	14	70
65	7.0	14.6	3:50	1.32	4.54	2.37	8.1	9.9	14	65
60	7.1	14.9	3:55	1.30	4.45	2.33	7.8	9.6	13	60
55	7.2	15.2	4:00	1.28	4.38	2.29	7.5	9.3	13	55
50	7.3	15.5	4:05	1.26	4.30	2.25	7.2	9.0	12	50
45	7.5	15.8	4:10	1.24	4.22	2.21	6.9	8.7	11	45
40	7.7	16.1	4:15	1.22	4.14	2.17	6.6	8.4	10	40
35	7.9	16.4	4:20	1.20	4.06	2.13	6.3	8.1	9	35
30	8.1	16.7	4:25	1.18	3.98	2.09	6.0	7.8	8	30
25	8.3	17.0	4:30	1.16	3.90	2.05	5.7	7.5	7	25
20	8.5	17.3	4:35	1.14	3.82	2.01	5.4	7.2	6	20
15	8.7	17.6	4:40	1.12	3.74	1.97	5.1	6.9	5	15
10	8.9	17.9	4:45	1.10	3.66	1.93	4.8	6.6	4	10
5	9.1	18.2	4:50	1.08	3.58	1.89	4.5	6.3	3	5

表 3-6　19 岁以上女子(大学)体育项目成绩评分表

项目 分数 (分)	50 米 跑(秒)	100 米 跑(秒)	800 米跑 (分秒)	跳高 (米)	跳远 (米)	立定跳 远(米)	推铅 球(米)	掷实心 球(米)	1 分钟 仰卧起 坐(次)	得分 (分)
100	7.8	15.5	3:10	1.24	4.00	2.06	7.2	7.5	43	100
95	7.9	15.8	3:15	1.22	3.92	2.02	7.0	7.3	40	95
90	8.0	16.1	3:20	1.20	3.84	1.98	6.8	7.1	39	90
85	8.1	16.4	3:25	1.18	3.76	1.94	6.6	6.9	37	85
80	8.2	16.7	3:30	1.16	3.68	1.90	6.4	6.7	35	80
75	8.3	17.0	3:35	1.14	3.60	1.86	6.2	6.5	33	75
70	8.4	17.3	3:40	1.12	3.52	1.82	6.0	6.3	31	70
65	8.5	17.6	3:45	1.10	3.44	1.78	5.8	6.1	29	65
60	8.6	17.9	3:50	1.08	3.36	1.74	5.6	5.9	27	60
55	8.7	18.2	3:55	1.06	3.28	1.70	5.4	5.7	25	55
50	8.8	18.5	4:00	1.04	3.20	1.66	5.2	5.5	23	50
45	9.0	18.8	4:05	1.02	3.12	1.62	5.0	5.3	21	45

续表

项目 分数 (分)	50 米 跑(秒)	100 米 跑(秒)	800 米跑 (分秒)	跳高 (米)	跳远 (米)	立定跳 远(米)	推铅 球(米)	掷实心 球(米)	1 分钟 仰卧起 坐(分)	得分 (分)
40	9.2	19.1	4:10	1.00	3.04	1.58	4.8	5.1	19	40
35	9.4	19.4	4:15	0.98	2.96	1.54	4.6	4.9	17	35
30	9.6	19.7	4:20	0.96	2.88	1.50	4.4	4.7	15	30
25	9.8	20.0	4:25	0.94	2.80	1.46	4.2	4.5	13	25
20	10.0	20.3	4:30	0.92	2.72	1.42	4.0	4.2	11	20
15	10.2	20.6	4:35	0.90	2.64	1.38	3.8	4.1	9	15
10	10.4	20.9	4:40	0.88	2.56	1.34	3.6	3.9	7	10
5	10.6	21.2	4:45	0.86	2.48	1.30	3.4	3.7	5	5

 思考与练习

1. 学生"课外体育锻炼"的应出勤次数和评分标准，由学校确定，但除特殊情况外，"早操"每周不得少于＿＿＿＿＿＿次。

2. 凡平均成绩达到＿＿＿＿＿＿分，同时毕业当年成绩也达到＿＿＿＿＿＿分者，方可作为体育合格者，准予毕业，否则，不能毕业，按结业处理。

3. 《标准》中的身体形态、身体机能和视力的测试按 1985 年＿＿＿＿＿＿中有关方法进行。

4. 简述开设体育课的班级学生成绩的评定方法。

5. 简述体质健康标准的等级评定。

6. 在何种条件下学生的体育成绩可加 3～5 分？

第4章 体育运动与卫生保健

本章导读

　　体育锻炼只有遵循人体运动时的生理变化规律，符合运动卫生的要求，才能获得良好的效果。由于体育运动是促进健康的一种手段，所以体育运动与卫生保健密切相关。锻炼者掌握一些运动生理学、运动损伤的预防与急救等有关的卫生保健知识，用以指导体育锻炼，从而获得最佳锻炼效果，是非常必要的。

4.1 运动与人体卫生概述

体育锻炼只有遵循人体生理活动规律，符合一定的运动卫生要求，才能达到提高健康水平、增强体质的目的。从某种意义上说，运动安全是体育锻炼的首要问题，如果不注意运动卫生，盲目和随意地运动，反而会对身体造成危害。

4.1.1 准备活动和整理活动

体育运动过程是人体静态—动态—静态的变化过程。准备活动和整理活动就是实现这种"变化"的过渡手段。

1. 准备活动

准备活动是体育锻炼前进行的有目的的身体练习，它能有效地克服人体的生理惰性，使人体从相对安静状态(有序状态)过渡到运动状态(无序状态)，并对整个机体产生积极影响。

1) 准备活动的作用

(1) 能克服机体的生理惰性。人体的各器官都具有一定惰性，一般来说，运动器官的发动能力较快，而内脏器官则需 3～5 分钟动员才能进入较高工作状态。运动前做好准备活动，能提高心血管系统和呼吸器官的功能，使机体逐步适应剧烈运动的需要。

(2) 能加速肌肉组织的新陈代谢，提高氧的利用率。准备活动使体温升高，增强了肌肉组织的新陈代谢过程，进而提高氧的利用率，为人体进入运动状态提供了良好的物质基础。

(3) 能调节运动情绪。节奏快、强度大的练习，可提高锻炼的兴奋性；节奏慢、强度小的练习，可降低其过高的兴奋性，适当的准备活动能使人体进入适宜的运动状态。

(4) 能预防运动损伤。准备活动能增强肌肉、肌腱和韧带的弹性和伸展性，使关节滑膜液分泌增多，关节活动范围加大，从而避免运动损伤和肌肉痉挛。

2) 准备活动的要求

体育锻炼前必须进行准备活动，切勿不进行准备活动就投身紧张激烈的运动中去。准备活动有两种：一种是一般准备练习，如跑步、徒手操、活动肢体各关节等；另一种是专项准备练习，如在打篮球前先做投篮、传球、运球等练习，在长跑之前先慢跑一段，在游泳之前先在陆地上练习划臂、蹬腿、呼吸等。准备活动的运动量和时间的长短，应根据锻炼的项目、内容、气候变化和自己的身体状况而有所区别，一般使身体发热或微微出汗为宜，心率上升到 130～160 次/分，使内脏器官、肢体的活动幅度和肌肉力量等方面达到适宜工作状态。

2. 整理活动

整理活动是人体由运动状态(无序状态)过渡到相对安静状态(有序状态)的活动过程，它是促进体力恢复的一种有效手段。

1）整理活动的作用

（1）有助于人体机能尽快恢复常态。由运动引起的一系列生理、心理变化需要有一个逐步恢复的过程，整理活动可促使这一过程的转化。

（2）有助于偿还氧债。整理活动是一个轻松、活泼、柔和的活动过程，有助于肌肉的血液畅流，排出二氧化碳，消除代谢产物，以获得偿还氧债、减轻肌肉酸痛、消除疲劳的效果。

2）整理活动的要求

整理活动应着重于全身性放松。尽量采用轻松、活泼、柔和的练习方式，活动量逐渐减少，节奏减慢，以促使呼吸频率和心率下降。如在长跑到达终点后，再慢跑一段，或边走边做深呼吸运动和放松徒手操。特别是在紧张剧烈的运动之后，一定要进行全身放松活动，以免身体受到损伤。整理活动之后，还要注意使身体保暖，以防身体着凉，引起感冒。

4.1.2 运动饮食卫生

人体每天都必须摄取食物，以维持人体正常生理功能和新陈代谢等生命活动，体育锻炼更需科学地安排饮食，养成良好的卫生习惯。

1. 运动与营养卫生

人体所需要的营养素主要有糖、脂肪、蛋白质、维生素、矿物质和水。这些营养素具有独特的营养功能，在代谢过程中又密切联系，共同参与，推动和调节生命活动。营养供给不足或过量都不利于健康。经常从事体育锻炼的人，需要保证足够的营养和营养素之间的平衡。运动中的营养平衡，应当从以下几方面考虑。

（1）粮食类食物。这是热能供给的主要来源，每天进食的数量应与一天热能的消耗相适应，并以粗细粮搭配为宜，多种粮食混合食用。据调查，我国男大学生每天能量消耗约 10.4×10^3 kJ，女生约 8.7×10^3 kJ。积极参加体育锻炼的男生可达 13.8×10^3 kJ，女生为 10.4×10^3 kJ。如长期热量供给不足，会引起身体瘦弱、抵抗力减弱，但摄取热量过多，也易引起脂肪过多因而发胖。

（2）蛋白质。一般成人每天每千克体重需蛋白质 1.2 g，经常从事锻炼者比一般人高 50%～80%，如果长期蛋白质摄入量不足，可引起营养不良和贫血症等。

（3）蔬菜类食物。这是维生素的主要来源。维生素对经常锻炼的人来说非常重要，它不仅为保证身体健康所必需，而且直接影响人体活动的能力。维生素主要存在于新鲜蔬菜中，最好每人每天能吃 400～500 g 蔬菜，有条件者每天还应食用一定量的水果。

2. 运动饮食卫生习惯

（1）运动后不宜立即进餐。这是因为运动时大量血液流入运动器官，胃肠器官的血液量相对减少，胃液分泌减少，消化系统功能处于相对抑制的状态。运动后立即进餐，必然影响食物的消化和吸收，长此以往，会酿成消化不良或其他消化道疾病。合理的进食时间一般为锻炼后半小时。

（2）饭后不宜立即进行剧烈运动。饭后立即进行剧烈运动，不仅易导致消化不良，还可引起腹痛、恶心等症状，也可酿成胃下垂等疾病。

(3) 合理安排一日三餐。俗话说："早餐要好，午餐要饱，晚餐要少"，虽是经验之谈，还是有一定科学道理的。据调查，凡是不吃早餐的人，上午握力减少，神经肌肉震颤增强，血糖降低，出现注意力不集中、头晕、心慌等现象。另外，空腹时间长，也是引起肠胃病的主要原因。所以，早餐一定要吃好，有条件的可增加一些奶类、蛋类食品。午餐一定要吃饱，因为下午的工作、学习和活动量都较大。晚餐不应吃得太饱，以免影响晚间的学习、工作效率和睡眠。应注意的是，由于运动后易产生饥饿感，用餐时不要狼吞虎咽，更不能暴饮暴食。另外，在比赛前或疲劳时，也不宜吃太油腻的食品。

(4) 运动中提倡少量、多次的饮水方式。水在人的生命活动中具有重要作用，水占成人体重的 60%～70%，人体与外界环境交换中以水为最多。在运动时出汗多，体内缺少水分，必须及时补充，否则会影响人体正常生理机能活动。

为此应注意：①运动前和运动中不宜一次性大量饮水。饮水过多，会使胃膨胀，妨碍膈肌活动，影响呼吸，使血液浓度稀释，血流量增大，增加心脏负担，这样既有碍健康，也不利于运动。②运动后也不宜一次性大量饮水，否则会加重心脏负担，影响整理活动的正常进行，影响生理机能的恢复。

4.1.3 运动环境卫生

良好的运动环境，可以激发锻炼者的运动积极性和提高锻炼效率。反之，可抑制锻炼情绪，还可引起生理异常反应或诱发运动损伤。环境的因素是多方面的，这里主要阐述空气、音响、采光和场地等因素对运动的影响。

1. 运动与空气卫生

空气是人类赖以生存的条件之一，氧是人体生命活动的重要物质，新鲜空气中含有大量负离子，它能调节大脑皮层功能，促进腺体分泌增加，改善呼吸功能，振奋精神，消除疲劳，有效地提高锻炼效果。

然而，空气中一旦存在有毒气体，被人体摄入后，常引起某些器官、系统的损害和病变。如一氧化碳与人体内血红蛋白结合，会形成碳氧血红蛋白，从而导致人体缺氧；四氧化碳会损害人体肝脏。因此，体育锻炼时应注意下述几点。

(1) 避免在空气污浊和恶劣的环境中锻炼。如气压过低、空气湿度过大，都易使机体的散热机能受到阻碍；气温过高易中暑；风速过大，会影响运动进行。

(2) 尽可能在室外锻炼。特别是在空气新鲜、环境幽雅的地方锻炼。在室内锻炼时，要开窗通风，室内禁止吸烟。

2. 运动与音响卫生

噪声是一种环境污染因素。它主要来自机器、汽车、高音喇叭、爆炸以及人群喧闹等。噪声会严重影响人的情绪和正常的生理活动。体育锻炼时常受噪声干扰影响运动技术的发挥和锻炼效果，甚至造成运动损伤。因此，锻炼环境应保持相对的安静，理想的音响强度应不超过 35 dB。

3. 运动与采光卫生

合理采光既能使环境气氛和谐，有利于健康，也有利于锻炼活动的顺利进行。不合理采光会直接影响锻炼者的视力，妨碍锻炼活动的顺利进行，还容易发生损伤。

采光可分为自然采光和人工采光两种类型。运动场地采光要求光线充足，室内照明以光线柔和、均匀、不闪烁、不眩目、不明显改变室内温度为宜，一般不小于 50 lx。为了增加亮度，窗户玻璃要清洁，室内装潢最好以浅色为宜，使锻炼者感觉愉快和舒适。

4. 运动场地卫生

(1) 田径场地卫生。跑道应当平坦、坚实而有弹性，无灰尘，并保持一定湿度。跳跃沙坑要有 50～60 cm 厚度的沙，保持松软，没有杂物。沙坑周围宜用木质材料制作，并用橡皮包扎与地面齐平。投掷区应有明显标记，以免造成伤害事故。

(2) 球类场地卫生。足球场最好铺有草皮，场地平坦、整洁、无杂物。篮球场、排球场、网球场的场地要平整，硬度适中，不应有浮土，球场周围应有余地。

(3) 室内运动场馆卫生。除力求光线充足外，室内必须保持整洁卫生。

(4) 滑冰场卫生。冰面必须平坦，天然冰场冰层厚度不小于 25 cm，人工冰场厚度在15 cm 以上。冰场整洁无障碍物。滑冰人数不宜太多，并注意向同一方向滑行。夜间滑冰时，灯光要充足、均匀。

(5) 游泳池卫生。最重要的是水质符合卫生部门的要求，水中含氯量应达到 0.2～0.4 mg/L，1 mL 水中杂菌数不应超过 100 个，大肠杆菌值不超过 3 个。水质透明度应达到静水时能看到池底任何地方的要求。为了保持池水清洁，游泳前必须全身淋浴，并通过消毒脚池后入池。此外，深浅水区要有明显标记。

到江河湖海里游泳时，必须事前查清水质和有无传染病菌，并注意水深，水的流速低于 0.5 m/s 为宜。不要到受污染的江河里游泳，也不要单人去游泳。

4.1.4 运动衣着与器材卫生

运动衣着和运动鞋应符合运动项目要求，并具有透气性、吸湿性、溶水性等性能。运动衣着选择要轻便、舒适、美观大方。夏季应以浅色薄运动衣裤为好，冬季既要注意保暖，但又不妨碍运动。运动衣裤要勤换、勤洗，以免汗液和细菌污染机体。

运动器械要坚固，安装得当，并注意检查维修，防止生锈以及连接处脱落。健美、举重室器材用后应放回原处，体操垫硬度要适中，并保持整洁、美观。

4.1.5 女子运动卫生

1. 女子体育锻炼的一般要求

(1) 女子呼吸系统和心血管系统机能比男子差，在锻炼中总体运动量比男子要相对小一些。

(2) 女子一般肩部较窄，臂力较弱，故应避免做过多的持久的支撑、悬垂和大幅度摆动。女子在青少年时期，骨盆尚未发育完全，不要过多地进行负担量过大的负重练习，避免采用剧烈震动和引起腹压升高的练习，如从高处跳下、举重和憋气等练习。

(3) 根据女子爱美心理和柔韧性较好的生理特征，可多选择一些节奏性较强、轻松活泼的体育项目进行练习，如艺术体操、舞蹈以及球类等项目。

（4）为塑造形体美，可多选择一些增强腰背、腹肌和骨盆底肌的项目，如仰卧起坐、仰卧举腿等练习。

（5）要重视全面身体素质锻炼，克服和改善女生的生理弱点，努力提高力量、耐力等身体素质，使之终身受益。

2. 月经期体育卫生要求

月经是女子正常的生理现象，身体健康、月经正常者，一般不出现明显的生理机能变化，在经期可参加适量的体育活动。这不仅可以改善盆腔血液循环，减少盆腔充血，而且由于运动能起到对子宫的柔和按摩作用，有利于经血排出，并且可以调整大脑皮质的兴奋度和抑制过程，有利于人体机能的正常运行。但在进行时应注意以下几点。

（1）适当减少运动量，运动时间不宜过长。对月经初潮的少女，由于经期尚不稳定，运动量更要小些。对恐惧经期的锻炼者，要多帮助指导，使之逐步养成经期锻炼的习惯。

（2）健康状况好、月经稳定者，经期第 1～2 天可进行轻微的体育活动，如广播体操、传垫排球等；第 3～4 天可逐渐加大运动量，如进行球类活动和慢跑等；第 5～6 天便可正常地参加锻炼。

（3）月经期间应避免做震动大的跳跃、憋气和静力性练习，更不宜游泳，因为月经来潮时子宫开放，子宫内膜破裂出血，游泳时容易使病菌侵入内生殖器，引起炎症性病变。

（4）如果出现月经紊乱(月经过多、过少或经期不准)、痛经和明显腰部酸痛等症状，应暂停体育活动。

为了及时了解和掌握女生月经情况，可建立"月经卡"制度以便合理安排运动量。

4.2 运动中的生理反应与处理

由于运动，使人体生理活动过程的有序性受到了暂时的破坏，从而常常出现某种生理反应，简称"生理运动反应"，常见的生理运动反应及处理办法如下所述。

4.2.1 极点和第二次呼吸

（1）极点。在中长跑时，能量消耗大，特别当下肢回流血量减少时，加剧了大脑氧债的积累，并在达到一定程度时，就会出现呼吸急促、胸闷难忍、下肢沉重、动作不协调，甚至恶心等现象，这在运动生理学上被称为"极点"。

（2）第二次呼吸。当"极点"出现后，情绪要稳定，并适当减慢跑速，加深呼吸，坚持下去，上述生理现象就会逐步缓解与消失。这是由于一方面氧供给逐步得到增加，另一方面机体的适应性使机体功能重新得到改善，从而运动能力提高，动作重新变得协调和有力。这标志着"极点"已经有所克服，生理过程出现新的平衡。此种运动生理学现象称为"第二次呼吸"。

"极点"与"第二次呼吸"是中长跑运动中常见的生理现象，无须疑虑和恐惧，即使一位优秀的中长跑运动员，也常出现"极点"现象，但随着训练水平的提高，上述生理反应将逐步推迟和减轻。

4.2.2　肌肉酸痛

不少同学有过这样的体会，在一次活动量较大的锻炼以后，或是隔了较长时间未锻炼，刚开始锻炼之后，常常出现运动后肌肉酸痛症状，这种酸痛不是即刻发生在运动中或运动后，而是发生在运动结束 1~2 天之后，因此也称为肌肉延迟性疼痛。

(1) 原因。肌肉酸痛是由于当肌肉一次活动量较大或隔了较长时间未锻炼而刚恢复锻炼时，肌肉对负重负荷及收缩放松活动未完全适应，会引起局部肌纤维及结缔组织的细微损伤，以及导致部分肌纤维产生痉挛。生理和生化的研究结果证实了酸痛时这种局部细微损伤及肌纤维痉挛的存在。由于这种肌纤维细微损伤及痉挛是局部的，因而就整块肌肉而言，仍能完成运动功能，但存在肌肉酸痛感。酸痛后，经过肌肉局部细微结构的修复，肌肉组织会变得较前更强壮，以后经历同样负荷就不易再发生损伤(酸痛)。

(2) 处理。当已经出现肌肉酸痛后，采取以下对策能使酸痛得以缓解和消除。①热敷。可对酸痛的局部肌肉进行热敷，促进血液循环及代谢过程加快，这有助于损伤组织的修复及痉挛的缓解。②伸展练习。可对酸痛局部进行静力牵张练习，保持伸展状态 2 分钟，然后休息 1 分钟，重复进行，每天做几次这种伸展练习，有助于缓解痉挛。但做练习时注意不可用力过猛，以免牵拉时再使肌纤维损伤。③按摩。按摩有使肌肉放松、促进肌肉血液循环的作用，有助于损伤的修复及痉挛的缓解。④口服维生素。维生素有促进结缔组织中胶原合成的作用，有助于加速受损伤结缔组织的修复，从而减轻和缓解酸痛。⑤针灸、电疗等手段对缓解酸痛也有一定作用。

(3) 预防。预防肌肉酸痛的发生可注意如下几点：①根据不同体质、不同健康状况科学地安排锻炼负荷，负荷不要过大，也不宜增加过猛；②锻炼时，应尽量避免长时间集中练习身体某一部位，以免局部肌肉负担过重；③准备活动中，注意对即将练习时负荷重的局部肌肉活动得更充分些，对损伤有预防作用；④整理活动除进行一般性放松练习外，还应重视进行肌肉的伸展牵拉练习，这种伸展性练习有助于预防局部肌纤维痉挛，从而避免酸痛的发生。

4.2.3　运动中腹痛

(1) 原因。人体进入运动状态后，下腔静脉压力上升，血液回流受阻，致使腹部脏器功能失调，引起腹痛；有的因运动时呼吸紊乱膈肌运动异常，引起肝脾膜张力性疼痛；也有的因运动前吃得过饱，饮水过多以及腹部受凉，引起胃肠痉挛，导致疼痛。运动性腹痛多数在中长跑运动时发生。

(2) 征象。运动性腹痛部位不固定，一般因肠痉挛、肠结核引起腹腔中部处疼痛；食后运动疼痛常发生在上腹部或中部；肝脾膜张力性疼痛，常发生在左右两侧上腹部。

(3) 处理。对因静脉血回流障碍和准备活动不足或呼吸紊乱引起的腹痛，可采取降低运动强度，放慢跑速，同时按摩疼痛部位，并做深呼吸等方法，疼痛常可减轻或消失。对于胃肠饱胀、肠痉挛和慢性疾患引起的腹痛，如采取上述措施后无效时，应停止运动。

(4) 预防。合理安排运动时间，饭后至少 1 小时后再进行活动。运动前要做好准备活动，运动时要循序渐进。对于患有各种慢性病者，病愈之前需在医生和体育教师指导下进行锻炼。

4.2.4 肌肉痉挛

肌肉痉挛俗称抽筋，是肌肉不自主地突然性强直收缩，并变得异常坚硬。

(1) 原因。在剧烈运动中，肌肉快速连续性收缩，导致肌肉收缩与放松的协调交替关系被破坏，特别是在局部肌肉疲劳时，更易发生肌肉痉挛。肌肉受到寒冷的刺激，或因情绪过于紧张，也可引起肌肉痉挛。

(2) 征象。肌肉痉挛时，局部肌肉产生剧烈性收缩并变得坚硬和隆起，疼痛难忍，且一时不易缓解。

(3) 处理。立即对痉挛部位的肌肉进行牵引，如腓肠肌痉挛时，伸直膝关节，并做足的背伸动作。若屈拇肌、屈趾肌痉挛时，则用力将足趾背伸。最好有同伴协助，但切忌施力过猛。此外，可配合局部按摩、点穴(承山、涌泉、委中穴等)，以促使痉挛缓解和消失。

(4) 预防。运动前做好准备活动，对容易发生痉挛的肌肉，可事先进行按摩；冬季锻炼时，要注意保暖；夏季进行剧烈运动时，应注意补充盐分；游泳下水前，应先用冷水淋浴，游泳时间不宜过长；疲劳和饥饿时，不要进行剧烈运动。

4.2.5 运动性昏厥

运动中，由于脑部供血不足，氧债不断积累并达到一定程度时，即可发生一时性知觉丧失，这一现象被称为运动性昏厥。

(1) 原因。剧烈运动或长时间运动，大量血液积聚在下肢，回心血流量减少，导致脑部供血不足而出现昏厥状态。跑后如立即停止不动也可出现"重力休克"现象。

(2) 征象。全身无力，眼前一时发黑，面色苍白，手足发凉，失去知觉而昏倒。生理监测脉搏慢而弱、呼吸缓慢、血压降低等。

(3) 处理。立即将患者平卧，足略高于头部，并进行向心方向按摩，同时指压人中、合谷等穴位。如有呕吐，应将患者头偏向一侧，以利呼吸道畅通。如停止呼吸，应立即进行人工呼吸。轻度征象者，由同伴搀扶慢走，并进行深呼吸，即可消除症状。重症患者，经临场处理后，应送医院治疗。

(4) 预防。不要在饥饿情况下参加剧烈运动；疾跑后不要立即停下来；久蹲后也不要突然起立；平时要加强体育锻炼，以增强体质。

4.2.6 中暑

(1) 原因。在高温环境中，特别是在温度高、通风不良、头部又缺乏保护，被烈日直接照射的情况下进行体育锻炼，因体温调节功能障碍易发生中暑。

(2) 征象。轻度中暑，出现面部潮红、头晕、头痛、胸闷、皮肤灼热、体温升高等症状。严重时，将出现恶心、呕吐、脉搏快而细弱、精神失常、虚脱抽搐、血压下降，甚至昏迷等症状。

(3) 处理。迅速将患者移至通风、阴凉处，解开衣领，冷敷额部，用温水擦身，并给予含盐清凉饮料或十滴水，数小时后即可恢复正常。严重患者，经临时处理后，应迅速转送医院治疗。

(4) 预防。在高温炎热季节锻炼时，应适当减少运动量，缩短运动时间，避免在烈日下长时间锻炼；夏天在室外锻炼时，宜穿浅色衣服，戴遮阳帽；在室内锻炼时，应有良好的通风，并注意服饮低糖含盐饮料。

4.2.7　运动性贫血

我国成年健康男性每 100 mL 血液中含血红蛋白量为 12.5～16 g，女性为 11.5～15 g。若低于这一生理数值，就会被视为贫血。因运动引起的这种血红蛋白量减少，被称为运动性贫血。

(1) 原因。①运动时机体对蛋白质与铁的需求量增加，一旦需求量得不到满足时，即可引起运动性贫血。②运动时，脾脏释放的溶血卵磷脂能使红细胞的脆性增加，加上剧烈运动时血流加快，易引起红细胞破裂，从而导致运动性贫血。③少数学生由于偏食或爱吃零食，影响正常营养摄入，或长期慢性腹泻，影响营养吸收，运动时常出现贫血现象。

(2) 征象。运动性贫血发病缓慢，平时表现为头晕、恶心、气喘、体力下降，运动后表现为心悸、心率加快、脸色苍白等。

(3) 处理。如运动中(后)出现头晕、无力、恶心等现象时，应适当减少运动量，必要时暂停运动。补充富含蛋白质和铁的食物，口服硫酸亚铁片剂和维生素，对缺铁性贫血的治疗有明显的效果。

(4) 预防。锻炼时，要遵循循序渐进原则，并克服偏食习惯。

4.2.8　游泳性中耳炎

(1) 原因。游泳时，当水进入外耳道后，使鼓膜泡软，可引起鼓膜破损，细菌进入中耳而形成。此外，游泳时呛水，细菌也可能从咽鼓管进入中耳而引起鼓膜破损。

(2) 征象。表现为耳内剧烈疼痛，有时还会引起发热和头痛，也可见黄色液体从外耳道流出。

(3) 处理。停止游泳运动，用生理盐水和络合碘清洗消毒，送医院治疗。

(4) 预防。游泳时可用耳塞堵住外耳道口，防止水进入耳道内。若耳内灌水，可采用头偏向耳朵有水一侧，用同侧腿进行原地跳的方法使水震动排出，然后再用棉花擦干外耳道，切忌挖耳。患感冒、上呼吸道感染时应停止游泳。

4.3　运动损伤与处理

在体育运动中发生的损伤统称为运动损伤。体育运动以增强体质、增进健康为目的，而运动损伤将影响锻炼者的健康、学习、工作和生活。显然，损伤与体育目的格格不入。了解运动损伤发生的原因和发病规律，贯彻预防为主的方针，采取有效的安全措施，就能最大限度地减少或避免运动损伤，保证身体健康和运动锻炼的正常进行。

🏵 4.3.1 运动损伤的原因

造成运动损伤的原因是多方面的，既有锻炼者运动基础、体质水平方面的原因，也有运动项目特点、技术难度方面的原因，还有活动内容安排、运动量、运动环境等方面的原因，概括起来有以下几点。

(1) 思想麻痹大意。这是所有运动损伤中最主要的原因。其中包括对预防损伤的意义认识不足，运动前不检查器械，预防措施不力，好胜好奇，常在盲目和冒失的运动中致伤。

(2) 准备活动不足。运动前不做准备活动或准备活动不足，使人体机能未达到运动状态，肌肉弹性力差，韧带伸展和关节活动范围小，以及身体协调性低下而致伤。

(3) 运动情绪不适宜。运动情绪低下或在畏难、恐惧、害羞、犹豫以及过度兴奋、过分紧张时，都可能发生伤害事故。

(4) 缺乏运动经验与自我保护能力。由于缺乏运动经验和自我保护能力而致伤。例如摔倒时用肘部或直臂撑地，造成尺(或桡)骨或肘关节损伤(见图 4-1)。由高处跳下时，用脚跟落地或屈膝缓冲不够，易造成腿部、腰部或内脏震伤。

图 4-1

(5) 技术上的缺点和错误。例如排球传球时，由于手型不正确引起手指扭挫伤；学习跳马(箱)时，助跑速度过快，向前冲力过大，或助跑与踏跳不协调，致使身体前冲摔倒；等等。

(6) 内容组合不科学，运动量安排过大。在一次运动锻炼过程中，没有科学地安排好身体各部位练习的组合，导致局部负担过重而造成损伤；运动量安排过大，造成机体疲劳，从而对动作控制能力降低而引起受伤。

(7) 纪律松懈或组织不严密。纪律松懈，特别是在场地狭窄、人员拥挤的地方，任意冲撞，造成伤害事故；有的因组织方法不当致伤。

(8) 运动环境不好。运动场地高低不平，器械安装不坚固或年久失修，又缺乏保护措施；运动时的服装不符合要求；空气污浊、噪声大、光线暗淡、气温过高或过低等，都能成为致伤的原因。

(9) 身体状况不佳。身体疲劳或睡眠、休息不好，带伤带病或伤病初愈，身体机能相对较低，在这时进行运动，如不适当地降低练习的强度和难度，很容易致伤。

(10) 身体的弱点与技术动作的特殊要求不适应。例如膝关节在处于半蹲位时，周围的韧带较松弛，关节稳定性相对减弱，在完成伸膝发力和屈膝的落地缓冲时易发生伤害。小腿在屈膝情况外展而突然伸直更易发生伤害等。

4.3.2　运动损伤的预防

(1) 加强运动安全教育。克服麻痹思想，强化预防损伤的意识。

(2) 认真做好准备活动。对可能发生运动损伤的环节和易伤部位，要及时制定预防措施。

(3) 合理安排运动量。做练习时防止局部运动器官负担过重。

(4) 加强保护与帮助。在加强同伴间的相互保护与帮助的同时，特别要加强和提高自我保护能力。如摔倒时，立即屈肘、低头、团身滚动；由高处跳下时，用前脚掌着地，同时屈膝缓冲等。

(5) 加强易伤部位的锻炼。这是一种预防效果较高的积极的手段。如为预防关节扭伤，应增强关节周围肌肉、韧带的力量、强度和柔韧性，以加强关节的稳定性。为防止肌肉拉伤，在发展肌肉力量的同时，还应注意发展肌肉的伸展性。

4.3.3　常见运动损伤的处理

1. 软组织损伤

软组织损伤可分为开放性损伤和闭合性损伤两类，前者有擦伤、撕裂伤、刺伤等，后者有挫伤、肌肉拉伤、肌腱腱鞘炎等。

1) 擦伤

(1) 原因与症状。因运动时皮肤受挫致伤。如跑步时摔倒，体操运动时身体摩擦器械受伤，擦伤后皮肤出血或组织液渗出。

(2) 处置。小面积擦伤，用红药水涂抹伤口即可；大面积擦伤，先用生理盐水洗净，后涂抹红药水，再用消毒布覆盖，最后用纱布包扎。

2) 撕裂伤

(1) 原因与症状。在剧烈、紧张运动时，或受到突然强烈撞击，造成肌肉撕裂，其中包括开放伤和闭合伤两种。常见有眉际撕裂、跟腱撕裂等。开放伤顿时出血，周围肿胀；闭合伤触及时有凹陷感和剧烈疼痛。

(2) 处置。轻度开放伤，用红药水涂伤口即可；裂口大时，则需止血和缝合伤口，必要时应注射破伤风抗毒血清，以防破伤风症；如肌腱断裂，则需手术缝合。

3) 挫伤

(1) 原因与症状。因撞击器械或练习者之间相互碰撞而造成挫伤。单纯挫伤在损伤处出现红肿，皮下出血，并有疼痛；内脏器官损伤时，则出现头晕、脸色苍白、心慌气短、出虚汗、四肢发凉、烦躁不安，甚至休克等症状。

(2) 处置。在 24 小时内冷敷或加压包扎，抬高患肢或外敷中药。24 小时后，可按摩或理疗。进入恢复期可进行一些功能性锻炼。如果怀疑内脏损伤，则在作临时性处理后，应送医院检查和治疗。

4) 肌肉拉伤

(1) 原因与症状。通常在外力直接或间接作用下，使肌肉过度主动收缩或被拉长引起肌肉拉伤。特别是由于准备活动不充分，动作不协调以及肌肉弹性、伸展性、肌力差者更易拉伤。损伤后伤处肿胀、压痛、肌肉痉挛，触诊时可摸到硬块。严重的肌肉拉伤是肌肉撕裂。

(2) 处置。轻者可即刻冷敷，局部加压包扎，抬高患肢。24 小时后可施行按摩或理疗。如果肌肉已大部分或完全断裂者，在加压包扎急救后，应立即送医院手术治疗。

2. 关节、韧带扭伤

1) 肩关节扭伤

(1) 原因与症状。一般因肩关节用力过猛以及反复劳损所致，也有的因技术错误，违反解剖学原理而造成损伤。如投掷、排球扣球和大力发球时常出现这类损伤。其症状有压痛、疼痛，急性期有肿胀，慢性期三角肌可能出现萎缩，肩关节活动受限。

(2) 处置。单纯韧带扭伤，可冷敷、加压包扎。24 小时后可采用理疗、按摩和针灸治疗。出现韧带断裂时，应立即送医院缝合和固定处理。当肩关节肿胀和疼痛减轻后，可适当施行功能性锻炼，但不宜过早活动，以防转为慢性疾病。

2) 髌骨劳损

(1) 原因与症状。髌骨具有保护股骨关节面、维护关节外形和传递股四头肌力量的作用，是维护膝关节正常功能的主要结构。髌骨劳损是膝关节长期负担过重或反复损伤累积而成的，也可一次直接外力撞击致伤，如篮球滑步急停，跳高和跳远时踏跳不合理或摔倒受击，都可导致这种损伤。

(2) 处置。采用中药外敷、针灸、按摩等。平时加强膝关节肌群力量练习，如采用高位静力半蹲，每次保持 3~5 分钟即可。伤情好转时，可逐渐增加时间，每日进行一次。

3) 踝关节扭伤

(1) 原因与症状。运动中跳起落地时失去平衡，使踝关节过度内翻或外翻致伤，在准备活动不充分、场地不平坦的情况下，更易造成这类损伤。主要症状为伤处疼痛、肿胀，韧带损伤处有明显压痛、皮下瘀血。

(2) 处置。受伤后，应立即冷敷，用绷带固定包扎，并抬高伤肢。24 小时后，根据伤情采取综合治疗，如外敷伤药、理疗、按摩等，必要时作封闭疗法。待伤情好转后，施行功能性练习。对严重者，可用石膏固定。

3. 急性腰伤

(1) 原因与症状。运动时，身体重心不稳定或肌肉收缩不协调，引起腰部扭伤。多数因腰部受力过重，或脊柱运动时超过了正常生理范围。例如：挺身式跳远中，展体过大；举重上挺时，过分挺胸；跳水时，下肢后摆过大，都有可能造成腰部扭伤。损伤后，当场疼痛，有时听到瞬间"咯咯"响声，有时出现腰部肌肉痉挛症状或运动受限。

(2) 处置。腰部急性扭伤后，让患者平卧，一般不应立即扶动。如果剧烈疼痛，则用担架抬送医院诊治。处理后，应卧硬板床或腰垫一枕头，使肌肉韧带处于放松状态。也可针灸、外敷伤药或按摩。

4. 关节脱位

(1) 原因与症状。因受外力作用，使关节面失去正常的连接位(或称脱臼)。严重的关节脱位，伴有关节囊撕裂。关节脱位后，常出现畸形，与健肢对比不对称，因软组织损伤而出现炎症反应，局部疼痛、压痛和关节肿胀，并失去正常活动功能，甚至发生肌肉痉挛等现象。

(2) 处置。用长度和宽度相称的夹板固定伤肢。如果没有夹板，可将伤肢固定在自己的躯干或健肢上，防止震动，随后及时送医院治疗。必须注意，如果没有把握做整复处置时，切不可随意做整复手术，以免再度伤害。

5. 骨折

(1) 原因与症状。运动中，身体某部位受到直接或间接的暴力撞击时，造成骨折。例如在踢足球时，小腿被踢，造成胫骨骨折；摔倒时手臂直接撑地引起尺骨或桡骨骨折；跪倒时可造成髌骨骨折等。骨折是比较严重的损伤，但发病率很低。骨折分不完全性骨折和完全性骨折两种。常见的骨折有肱骨骨折、前臂骨骨折、手骨骨折、大腿骨骨折、小腿骨骨折、肋骨骨折、脊柱骨折等。骨折发生后，患者立即出现肿胀，皮下瘀血，有剧烈疼痛(活动时加剧)，肢体失去正常功能，肌肉产生痉挛，有时骨折部位发生变形，移动时可听到骨摩擦声。严重骨折时，伴有出血和神经损伤、发烧、口渴，甚至休克等全身性症状。

(2) 处置。若出现休克时，应先进行处理，即点按人中穴，并进行口对口人工呼吸或心脏外按摩；若伴有伤口出血，应同时止血和包扎。骨折后暂勿移动患肢，应用夹板或其他代用品固定伤肢，及时护送医院检查和治疗。

6. 脑震荡

(1) 原因与症状。脑震荡是指头部受外力打击后，使大脑管理平衡的膜半规管、椭圆囊、球囊等感受器机能失调，直到引起意识和机能的一时性障碍。在体育锻炼时，两人头部相撞，或撞击硬物，或从高处跌下时头部撞地，都可造成脑震荡。致伤时，神志昏迷，脉搏徐缓，肌肉松弛，瞳孔稍大但能对称，神经反射减弱或消失；清醒后，患者常有头痛、头晕、恶心呕吐感；平时情绪烦躁，注意力不易集中，耳鸣、心悸、多汗、失眠、记忆力减退；等等。

(2) 处置。立即让患者平卧，头部冷敷。若有昏迷，即指压人中、内关、合谷穴；若呼吸发生障碍，立即进行人工呼吸。经上述处理后，仍然出现反复昏迷或耳、鼻、口出血，两瞳孔放大，又不对称时，表明病情严重，应立即护送医院治疗。在运送途中，要让患者平卧，头部固定，避免颠簸。脑震荡一般都可自愈，无须住院治疗，但要注意休息和必要的药物治疗，保持情绪稳定，减少脑力劳动。在恢复过程中，可定期做脑震荡平衡试验，以检查病况进展。其方法是闭目、单腿站立、两臂平举。如果能保持平衡，表明脑震荡已基本治愈。这时，可适当参加体育锻炼，但要避免滚翻或旋转性动作。

4.3.4　运动损伤的急救

1. 急救的意义和原则

对体育运动中发生的严重损伤进行及时、正确的临时性处理，可减轻患者痛苦，减少并发症和感染，并为转送医院进一步治疗创造条件，这对保证生命安全具有十分重要的意义。急救是一项技术性、判断性很强的工作，急救时必须遵循如下原则。

(1) 抓住主要损伤，先急后缓。现场急救时，如果同时出现多种损伤，必须抓住主要损伤进行急救。如发现休克，应先施行抗休克急救——针刺人中、内关穴，并及时进行人工呼吸；如伴有出血时，应同时施行止血治疗，然后对其他损伤进行处理。

(2) 判断准确，施行正确的急救技术。急救人员要正确判断损伤性质和程度，并施行正确的抢救技术。

(3) 分秒必争，临危不惧。急救时必须分秒必争，临危不惧，当机立断，切勿延误时机。当抢救有效后，应尽快转送医院进一步治疗。在运送途中，要保持患者平稳安静，随时观察病情，必要时继续进行人工呼吸。

2. 急救方法

急救技术有止血法、人工呼吸法和搬运法等几种。

1) 止血法

(1) 冷敷法。这种止血法常用于急性闭合性软组织损伤，最简便的方法是用冷水冲洗或用冷毛巾敷于伤处，有条件的可使用氯化烷喷射。

(2) 抬高伤肢法。把出血的肢体抬高超过心脏水平，这样可降低出血部位的血压，减少出血。

(3) 压迫法。其中有指压法、绷带法、止血带法。指压法常用于动脉出血，方法是在出血部位用手指腹直接压迫出血部位。但由于直接触及伤口，容易引起感染，最好敷上消毒纱布后进行指压。也可指压出血部位的上端动脉血管，以切断血流渠道。常用指压法有颌外动脉指压止血法(位于下颌角前 1.5 厘米处)、肱动脉指压止血法、股动脉指压止血法、胫前(后)动脉指压止血法(见图 4-2、图 4-3)。

图 4-2

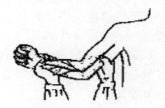

图 4-3

在运动和日常生活中，常用鼻出血止血法。即患者取坐位，头微后仰，头后部靠在椅背上，用冷毛巾敷前额和鼻梁部位，手指紧压鼻两侧止血，也可用无菌纱布塞鼻腔止血。

绷带包扎法其方法较多，要根据不同部位和伤势，进行不同方法的包扎。如环形包扎法、螺旋形包扎法。另外还有反折螺旋形包扎法、"8"字形包扎法、三角巾包扎法等。

2) 人工呼吸法

人工呼吸法也有多种，其中以口对口人工呼吸法和心脏胸外挤压法最有效。

(1) 口对口人工呼吸法。首先清除患者口中的分泌物或呕吐物，松开衣领、裤带和胸腹部衣服，并及时将患者仰卧，头部后仰，托起下颌，捏住鼻孔，压住环状软骨(压迫食道)以防空气进入胃内。然后急救者深吸一口气，两口相对，将大口气吹入患者口中，吹气后将捏鼻子的手松开。如此反复进行，吹气频率每分钟 16～18 次，直至患者自主恢复呼吸为止。

(2) 心脏胸外挤压法。将患者仰卧在木板或平地上，急救者两手上下重叠，用掌根置于患者胸骨下半部，肘关节伸直，借助于全身体重和肩臂部力量，适度用力下压，将胸壁下压 3～4 厘米为宜，随即松手，胸壁将自然回弹。如此反复进行。成人每分钟 60～80 次，小儿用单手挤压即可，每分钟 90～100 次，直至自主恢复心脏跳动为止。必要时口对口呼吸法和心脏胸外挤压法可同时进行。急救者之间应密切配合，两者以 1∶4 频率进行。

3) 搬运法

经现场急救处理后，应迅速和安全地将伤员转移到宿舍休息或医院治疗。搬运方法有徒手搬运法，包括扶持法、托抱法、双人椅托法、三人托抱法(见图 4-4 至图 4-7)，以及担架法、车辆运送法等。

图 4-4

图 4-5

图 4-6

图 4-7

4.3.5 溺水及其急救

溺水时，水经呼吸道可进入肺内，造成呼吸道阻塞或因吸水刺激，引起喉部肌肉痉挛，导致窒息昏迷。如果时间稍长，则因缺氧而危及生命。

窒息后，患者脸色苍白、眼睛充血、口鼻充满泡沫、四肢冰冷、神志昏迷、胃腹满水鼓起，直至呼吸、心跳停止。

急救步骤如下所述。

(1) 将溺水者救上岸后，立即清除口腔内异物，并进行倒水处理(见图 4-8)。

(2) 及时进行人工呼吸。

(3) 溺水者醒后应立即送医院进一步治疗。在运送途中密切观察溺水者情况，必要时继续进行人工呼吸。

图 4-8

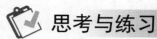 思考与练习

1. 一般认为心理健康的标准主要应包括人格完整、智力正常、（　　）、和谐的人际关系四个方面。

    A. 情绪健康　　　　B. 发育正常　　　　C. 交往正常　　　　D. 实践活动力强

2. 运动对心理素质的培养包括_____的多样性，_____的特殊性，_____的协作性。

3. 女子_____和_____机能比男子差，在锻炼中总体运动量比男子要相对小一些。

4. 简述运动对身体机能的作用。

5. 简述运动的准备活动。

6. 简述运动损伤的原因。

第5章 田　径

　　田径运动历史悠久，起源于人类的基本生存与生活活动。最早的田径比赛是在公元前 776 年的古希腊奥林匹亚村举行，从那时起，田径运动成为正式的比赛项目之一。1896 年在希腊雅典举行了第一届现代奥林匹克运动会，走、跑、跳跃、投掷等 12 个项目被列为大会的主要项目。第一届奥运会的成功举办标志着现代田径运动体系的建立。

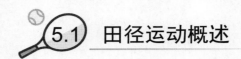

5.1 田径运动概述

"田径运动"起源于英国，在 19 世纪末田径运动进入中国的时候人们就自然地将这一运动项目译为田径。运动是人民用于竞技和健身的走、跑、跳、投的身体运动，也就是说田径运动包括竞技运动和田径健身运动。根据国际业余田径联合会章程中对田径运动的解释，田径运动的定义被表述为"田径运动是由田赛和径赛、公路赛、竞走和越野赛组成的运动项目"。

5.1.1 田径运动的发展

田径运动具有悠久的历史，它是人类在生产劳动和同大自然作斗争的过程中产生和发展起来的。随着社会的发展和现代教育的兴起，逐渐演变成现代的田径运动。1896 年举行的第一届现代奥运会就把田径项目列为主要的比赛项目，至今已有 100 多年的历史。社会的不断进步，使世界性的田径运动得到了迅速发展，如奥运会的田径比赛、世界锦标赛、世界杯赛是当今世界最高水平的田径比赛，为推动田径运动水平的飞速提高创造了良好的比赛条件。

5.1.2 我国的田径运动

现代田径运动传入我国已有 110 年左右的时间，在一个多世纪的历史长河中，旧中国举办过 7 届全运会，新中国成立后举办过 14 届全运会(截至 2021 年 9 月)，田径比赛是历届全运会的重要比赛项目。此外，我国田径运动员还参加了几届奥运会和一些世界与洲际田径大赛。其间涌现了一批创造世界纪录的优秀运动员。特别是女子竞走和女子中长跑实现了我国田径运动员在世界杯、世界锦标赛和奥运会史上金牌零的突破，王军霞还获得了世界田径最高奖"欧文斯"杯的殊誉。但总体上我国田径运动水平与美、俄、德等国还有一定的差距。

5.1.3 田赛与径赛

田径运动是体育运动的主要项目之一，它包括走、跑、跳、跃、投掷和全能运动等运动项目。通常人们把在田径场跑道上或自然环境中进行竞技和锻炼身体的走和跑等身体练习称为径赛项目；把在田径场中间或临近场地上进行竞技和锻炼身体的跳跃和投掷等身体练习称为田赛项目。径赛项目和田赛项目合称为田径运动。世界田径大赛项目 40 余项，详见表 5-1。

短跑是人体在无氧条件下进行的一种运动，它能使有氧系统酶的活性增加，能提高人体的最大摄氧量，同时还有助于提高中枢神经系统兴奋和抑制的灵活性。它是发展运动能力和提高无氧代谢水平的重要手段。

从事长距离跑和竞走能增进心脏和呼吸系统的工作能力。由于人体在有氧情况下进行运动，在运动中消耗的能量较大，能防止人体内脂肪储存过多，它是提高心肺功能和发展人体耐久力的有效手段。

表 5-1　世界田径大赛项目

类别	项　目	
	男　子	女　子
竞走	10 公里、20 公里(田径场)、50 公里(公路)	10 公里
跑	100 米、200 米、400 米、800 米、1500 米、3000 米、5000 米、10000 米、110 米栏、400 米栏、3000 米障碍跑、马拉松(42.195 公里)(公路)、4×100 米、4×400 米	100 米、200 米、400 米、800 米、1500 米、3000 米、5000 米、10000 米、100 米栏、400 米栏、4×100 米、4×400 米、马拉松
跳	跳高、跳远、三级跳远、撑竿跳高	跳高、跳远、三级跳远、撑竿跳高
投掷	铅球(7.26 公斤)、标枪(800 克)、铁饼(2 公斤)、链球(7.26 公斤)	铅球(4 公斤)、标枪(600 克)、铁饼(1 公斤)
全能	十项全能	七项全能

　　跳跃是人体在短时间、高强度神经活动和肌肉用力克服障碍的运动，能使人的感觉机能得到提高和加强。它是提高身体控制和集中用力能力，发展协调性、灵敏性的有效手段。

　　投掷项目是表现人体力量的运动，能使人体肌肉发达、力量增强、改善人体灵活性。田径运动由于具有广泛的竞技和健身价值，它已成为当今最普及、参与人数最多的运动项目。在学校体育中，它是体育教育的重点内容；在群众体育中，它是最受欢迎、最容易被接受的健身运动项目。

5.2　田径基本技术(径赛部分)

　　径赛是田径运动的一类，是在田径场的跑道或规定道路上进行的跑和走的竞赛项目的统称。奥运会设有 100 米、200 米、400 米、800 米、1500 米、女子 3000 米(第 25 届起取消该项目，增设女子 5000 米)、5000 米、10000 米、马拉松、3000 米障碍赛(男子)、100 米栏(女子)、110 米栏(男子)、400 米栏、10 公里竞走(女子)、20 公里竞走、50 公里竞走(男子)、4×100 米接力、4×400 米接力。以时间计算成绩的项目叫径赛。

5.2.1　短跑

　　短跑属极限强度运动，短跑比赛项目包括 60 米、100 米、200 米、400 米，是发展速度素质最有效的手段，是许多田径项目以及其他一些运动项目的基础。

1. 短跑的基础技术

　　短跑技术一般可分为起跑、起跑后的加速跑、途中跑、终点跑和弯道跑五个部分。

　　(1) 起跑。起跑的任务是身体迅速摆脱静止状态，为起跑后加速跑创造条件。田径规则规定在短跑比赛中运动员必须采用蹲踞式起跑方式，必须使用起跑器，运动员要按发令员的口令完成起跑动作。

　　起跑器的安置主要根据参赛者的身高、体形、力量和技术水平等条件来选定。方法可分为"普通式"和"拉长式"两种。无论采用哪种方式，都应从运动员的实际情况出发，以发挥最大肌肉力量，获得最大的向前冲力和在"预备"姿势时感到舒适而放松为宜。形成良好的用力姿势，有利于起跑和起跑后的加速跑。

　　起跑过程包括"各就位""预备""鸣枪"三个阶段。听到"各就位"口令后，运动员应走到起跑器前俯身，两手撑地，两脚依次蹬在前后起跑器的抵足板上，脚尖应触及跑道，后膝跪地，两手间隔比肩稍宽，四指并拢和拇指呈"八"字形，形成富有弹性的支撑，颈部自然放松，两眼视前方 45～50 厘米处。听到"预备"口令后，随之吸一口气，平稳地抬起臀部稍高于肩部，重心适当前移，使肩部稍超出起跑线，双手用指尖撑地，身体重量主要落在前腿和两臂上，构成较好的用力角度，使肌肉收缩速度和能发挥的力量都处于最佳状态。预备姿势应稳定，两脚贴紧前、后起跑器的抵足板，注意力集中，等待鸣枪。听到枪声，两手迅速推离地面，两臂屈肘有力地做前、后摆动，两腿迅速蹬离起跑器使身体向前上方运动，躯干前倾，后腿在蹬离起跑器后，便迅速屈膝向前上方摆出。后腿前摆时，脚掌不应离地面过高，可以保证脚掌迅速地着地，同时前腿迅速有力地蹬伸髋、膝、踝三个关节，后蹬角为 45°角(见图 5-1)。

① ② ③

图 5-1

　　(2) 起跑后的加速跑。起跑后的加速跑是从蹬离起跑器到途中跑开始的一个跑段，其任务是尽快加速达到自己的最高速度。起跑出发后的第一步不宜过大，一般为三脚半至四脚长，以后逐步增大，直至途中跑步长。起跑后的加速跑段，随着跑速的增加，上体逐渐抬起至接近途中跑姿势，两脚着地点依次逐渐地靠近人体中线，直至两脚着地点形成一条直线。加速跑段的距离，一般为 25～30 米。在即将进入途中跑之前，应顺惯性放松跑2～3 米，以消除肌肉工作时的过分紧张(见图 5-2)。

① ② ③

④ ⑤

图 5-2

(3) 途中跑。途中跑在整个短跑中是最长的一段距离，其主要任务是进一步提高疾跑中已获得的速度，或者尽可能保持最快速度跑到终点。其动作特点是前脚掌落在身体重心投影点的稍前面，脚触地后膝关节微屈，足踝下沉，使身体重心很快地移过垂直阶段，接着后腿的髋、膝、踝关节依次迅速伸展，完成快速有力的后蹬。后蹬的角度约为 50°，后蹬方向要正。随着支撑腿的蹬地，摆动腿迅速有力地向前上方摆出，并带动同侧髋前移，这对配合后蹬是十分有利的。落地前，大腿要迅速积极地下压，这时由于惯性缘故，小腿自然前伸，接着前脚掌迅速并有弹性地向下，向后做"趴地"动作。途中跑时，头要正对前方，两眼要向前平视，上体保持正直或微向前倾。以肩关节为轴，两臂轻松而有力地向前摆动。前摆时，不要超过身体中线和下颏，大小臂之间所成的角度要略小于 90°；后摆时，肘关节要稍微向外。总之，摆臂动作应以自然协调为原则(见图 5-3)。

①　　②　　③　　④　　⑤

⑥　　⑦　　⑧　　⑨

图 5-3

(4) 终点跑。终点跑是全程跑的最后一段，应尽力保持途中跑的高速度跑过终点。终点跑的技术，要求运动员在离终点线 15～20 米时，尽力加快两臂摆动速度和力量，保持上体前倾角度。当运动员离终点线前一步距离时，上体急速前倾，双手后摆，用胸部或肩部撞终点线，跑过终点后逐渐减速。冲线时，不应跳起，更不应为了冲线而降低速度。

(5) 弯道跑。200 米和 400 米跑有一半距离要在弯道上跑，为了更快地发挥速度和迅速地转入弯道跑，在从直道进入弯道时，身体应有意识地向内倾斜，加大右腿和臂的摆动力量和幅度。弯道跑时，身体应向圆心方向倾斜。后蹬时，右脚用前脚掌的内侧，左脚用前脚掌外侧蹬地。两腿摆动时，右腿膝关节稍向内摆动，左腿膝关节稍向外摆动。两臂摆动时，右臂前摆稍向左前方，后摆时肘关节稍偏向右后方；左臂稍离躯干做前后摆动，弯道跑的蹬地与摆动方向都应与身体向圆心方向倾斜趋于一致。从弯道跑进入直道时，应在弯道最后几步，身体逐渐减小内倾程度，自然跑几步，然后全力向前跑。

2. 短跑的练习方法

(1) 短跑途中跑的练习方法。①用前脚掌着地富有弹性地慢跑。要求用前脚掌着地，脚跟离地较高，富有弹性地跑。②在直道上中等速度做 60～80 米匀速跑。跑的动作应放松、协调、步幅开阔，摆臂幅度大，强调后蹬、大小腿折叠和高抬摆动腿技术。③做大步幅的反复跑。体会摆动腿前摆充分带动同侧脚前送技术。④行进间跑 30～60 米，特别强调技术动作的完整与放松。⑤从直道进入弯道跑 30～40 米，体会从直道跑入弯道跑的技术。⑥从弯道进入直道跑 30～40 米，体会从弯道跑入直道跑的技术。⑦进行 120～150 米的全弯道跑，体会进入弯道和跑出弯道的技术衔接。

(2) 蹲踞式起跑和起跑后加速跑技术的练习方法。①练习起跑器的安装方法。②练习"各就位""预备"技术，体会起跑动作要领。开始先不发口令自己做，基本掌握方法后，再发口令成组进行练习。③蹲踞式起跑 10 米、20 米、30 米。在口令下成组进行练习。要听"跑"的口令或枪声后再起跑，不要养成抢跑的习惯。④蹲踞式起跑 30～50 米。改进和完善起跑和起跑后加速跑技术，体会和掌握起跑后加速跑与途中跑相衔接的技术。

(3) 短跑终点跑技术的练习方法。①在走和慢跑中，当离终点线一步时，做双臂后摆、上体前倾撞线动作的模仿练习。②在走和慢跑中，当离终点线一步时，做双臂后摆、上体前倾撞线的动作。③快速跑 30～40 米做撞线动作。

(4) 短跑全程跑技术的练习方法。①60 米全程跑。②100 米和 200 米全程跑。③技术评定和达标测验。

3. 短跑常见的错误动作与纠正方法

(1) "坐着跑"。纠正方法：①讲清后蹬腿后蹬用力顺序；②加强腰、腹肌及支撑腿伸肌群力量；③多做跑的专门练习，做上坡跑和下坡跑练习；④后蹬强调摆动腿带动髋关节。

(2) 摆动腿向前上方摆动幅度小，摆动速度慢。纠正方法：①用语言强化向前上方摆抬；②加强抬大腿屈肌群力量练习；③纠正上体过分前倾错误，强调髋关节前送。

(3) 摆臂紧张，左右横摆，前后摆动幅度不适当，甩前臂等。纠正方法：①反复做原地摆臂练习；②在中等速度中改进摆臂技术；③增强上肢力量，特别是肩关节力量。

(4) 起跑后加速跑上体抬起过早。纠正方法：①讲清起跑后加速跑动作要领；②加强摆臂摆腿和蹬离起跑器的练习；③适当拉长两起跑器间的距离。

5.2.2 竞走

竞走是一脚支撑和双脚支撑交替进行的周期性运动，在一个周期中包括两次单脚支撑和两次双脚支撑时期。国际田联对竞走术定义为"竞走是运动员与地面保持接触、连续向前迈进的过程"，没有(人眼)可见的腾空。前腿从触地瞬间至垂直部位应该伸直(即膝关节不得弯曲)。

1. 竞走的基本技术

(1) 下肢技术。下肢技术是竞走技术的核心。竞走在一个单步中，可分为单脚支撑和双脚支撑两个时期，单脚支撑又有前支撑、垂直支撑和后支撑三个阶段。在单脚支撑阶段，另一腿处在摆动过程中，摆动过程又可分为后摆阶段、前摆阶段和双支撑阶段。这样，竞走在一个复步中就形成了支撑——前支撑、垂直支撑、后支撑，摆动——前摆、后摆和双支撑六个阶段(见图 5-4)。

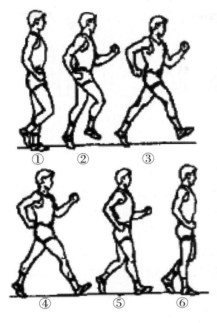

图 5-4

当身体重心移过垂直支撑时，支撑腿进入后支撑阶段并开始后蹬。后蹬动作是从支撑腿快速有力地蹬地到脚尖蹬离地面，在即将蹬离地面的瞬间形成双脚支撑阶段。在后蹬过程中骨盆沿身体垂直轴转动(见图 5-4 之③)。后蹬结束，后摆阶段开始，摆动腿迅速前摆，膝关节自然弯曲，大小腿之间角度大于 90°，在支撑腿垂直支撑阶段，摆动腿膝关节角大约 120°。

当身体重心移过垂直支撑阶段，摆动腿即进入前摆阶段。前摆时，小腿依靠大腿带动前摆，迅速打开膝关节，在脚掌即将着地时，膝关节应当伸直，用脚后跟先着地(见图 5-4 之④)，形成双支撑姿势。从脚后跟着地至垂直支撑是前支撑阶段，这个阶段要求腿必须伸直。由于前支撑阶段产生的支撑反作用力对速度起制动和阻力作用，因此，脚掌应迅速柔和地滚动到"趴"地动作。

竞走时身体重心的上下起伏和左右摇摆较小，身体重心运动的轨迹接近直线前移。

(2) 躯干和摆臂技术。竞走时躯干正直，两眼平视，颈部放松，躯干动作要与两臂的摆动和两腿的蹬摆相互配合。为维持身体平衡，保证身体重心运动轨迹接近直线前移，肩横轴应与骨盆横轴围绕身体垂直轴做反方向转动(见图 5-5)。

摆臂的主要任务是维持平衡。摆臂时半握拳，以肩为轴，屈肘约 90°，自然有力地前后摆动。前摆时拳不超过身体中线，不要高过下颌；后摆时肘稍向外，摆至上臂与地面近乎平行。

竞走时呼吸是十分重要的，要与腿、臂的摆动节奏相配合，用鼻和半张开的口进行呼吸，注意呼吸的节奏，要自然而有深度。

图 5-5

2. 竞走的练习方法

(1) 沿直线做大步走 60～80 米(用脚跟先着地)。

(2) 两脚左右开立约同肩宽，做骨盆回环转动练习。

(3) 向前交叉步走，使骨盆沿身体纵轴转动。

(4) 原地做交换支撑腿练习。两脚左右开立相距 5～15 厘米，把体重由一条腿移动到另一条腿支撑。在体重移动过程中，做骨盆沿前后轴转动。

(5) 慢速向前迈步，骨盆在由双脚支撑过渡到单脚支撑时做沿前后轴转动动作。

(6) 中速竞走 60～80 米。

(7) 沿一个半径 10～15 米的圆圈竞走。

(8) 弯道上竞走 100～120 米。

(9) 中速竞走 200～400 米。

(10) 变速竞走 100～400 米快走加 100～200 米慢走。

(11) 重复竞走 400 米、800 米或 1500 米。

3. 竞走中常见错误动作与纠正方法

(1) 明显的双脚离地腾空。

纠正方法：①依据个人的实际水平，确定合理的步长和步频；②掌握正确的双支撑动作结构，前摆着地做到后支撑蹬离地面后保持直腿，不过早屈膝；③减小蹬地角，合理控制蹬地力量，保持向前移动身体重心的稳定性。

(2) 支撑腿在垂直部位屈膝。

纠正方法：①明确竞走的技术特点，建立竞走支撑腿在垂直部位伸直的动作定型；②加强支撑腿垂直部位伸直膝关节的专门能力训练，如直膝负重走；③加强专项耐久力训练，如在疲劳情况下进行直腿走。

(3) 髋绕垂直轴转动幅度小。

纠正方法：①加强摆腿送髋动作的专门练习；②学习大幅度沿垂直轴转动髋的各种动作的专门练习；③加强腰腹肌群、轴群力量的训练；④加强髋关节柔韧性、灵活性的各种动作的专门练习；⑤加强肩横轴和髋横轴大幅度交叉转动的专门练习。

(4) 髋关节沿前后轴上下转动动作不协调。

纠正方法：①进行原地一腿支撑，另一腿提髋和放髋的专门练习；②进行慢速竞走，体会髋关节上下转动动作，消除髋关节动作紧张。

(5) 竞走时躯干左右摇摆过大。

纠正方法：①走一条明显的直线，两脚分别落在靠近直线的两侧；②纠正横向摆臂错误，前摆臂手不超过躯干中线，后摆臂不得向外侧提肩。

5.2.3　接力跑

接力跑是田径运动唯一的集体项目，包括男、女 4×100 米和 4×400 米接力项目。田径规则要求接力跑必须在 20 米长的接力区内完成传接棒动作，但 4×100 米接力区的接棒运动员可在接力区始端外延 10 米的预接区内起跑。接力区成绩取决于各棒队员的速度和娴熟的传、接棒技术，以及传棒队员与接棒队员接棒时的最佳位置。

1. 接力跑的基本技术(4×100 米接力跑技术)

1) 起跑

(1) 持棒起跑。第一棒运动员采用蹲踞式起跑方式，通常右手持棒，其基本技术类同短跑起跑，但接力棒不得触及起跑线和起跑线前面的地面。持棒的方法是用中指、无名指和小指握住棒的末端，用拇指和食指分开撑地(见图 5-6)。

(2) 接棒人起跑。第二、三、四棒运动员多采用半蹲式或站立式起跑。第二、四棒选手站在跑道外侧，第三棒选手站在跑道内侧。接棒运动员起跑姿势的选择，主要取决于能否快速起跑和进入加速跑，并能清晰地看到传棒选手以及设定的起跑标志。

2) 传、接棒方法

传、接棒动作既要准确又要迅速，一般采用下面两种方法。

(1) 上挑式。接棒人手臂自然后伸，手臂与躯干成 40°～45°角，掌心向后，虎口张开朝下。传棒人将棒由下向前上方"挑"送到接棒人手中(见图 5-7 之①)。这种方法的优点是接棒人手臂后伸的动作比较自然放松，易掌握。缺点是第二棒接棒后，手已握在棒的中部，这样不便于持棒快跑。另外，第三、四棒在传接棒时，棒的前端已所剩不多，所以相对来说容易掉棒。

(2) 下压式。接棒人手臂后伸，与躯干成 50°～60°角，掌心向上，虎口向后，拇指向内。传棒人将棒的前端由上向下"压"送到接棒人手中(见图 5-7 之②)。此种方法的优点是每一次传接棒时都能握住棒的一端，利于持棒快跑。缺点是接棒人在手臂后伸时相对来说比较紧张。

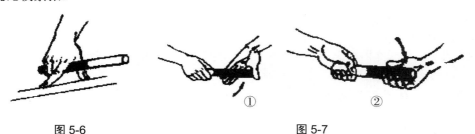

图 5-6　　　　　　　　　　　　　　　　　图 5-7

3) 传、接棒配合

接棒人站在预跑线内或接力区的后端，待传棒人到达标志线时，便迅速起跑，传棒队员跑进接力区后在离接力区的前端约 4.5 米，离接棒队员 2～1.5 米，将接力棒迅速无误地传给接棒队员。传接棒过程通常是传棒人跑到离接棒人 2～1.5 米处立即发出"接"的信号，接棒人迅速后伸手臂接棒。

标志线的确定：标志线离接棒人起跑处的距离可根据传棒人的跑速和传接棒技术的熟练程度而定。

4）接力队员的棒次安排

接力赛全程是由 4 个队员组成，因此，在比赛中应发挥每个队员的特长，并根据队员的特长来安排棒次。一般来说，第一棒应选择起跑好并善于跑弯道的选手；第二棒应选择传接棒技术熟练且速度耐力较好的运动员；第三棒除应具备第二棒运动员的长处外，还要善于跑弯道；第四棒通常应选择短跑成绩最好、冲刺能力最强的运动员。

4×400 米接力跑由于传棒人在跑近接力区时的跑速已经明显地减慢，因此传、接棒技术也就相对比较简单。当传棒人跑近时，接棒人要在慢加速跑中目视传棒人并顺其跑速主动接棒，随后快速跑出。第一棒采用蹲踞式起跑，起跑技术同 4×100 米接力跑的起跑；第二、三、四棒采用站立式起跑，上体左转，目视传棒人，要估计好传棒人最后一段跑的速度。如果传棒人最后一段仍然保持较好的跑速，接棒人可以早些起跑；如果传棒人的跑速缓慢，接棒人应晚些起跑并主动地接棒。传棒人将棒传出后，应从侧面退出跑道，避免影响其他接力队员的跑进。4×400 米接力跑，即第一棒队员以右手将棒传给第二棒队员的左手，第二棒队员跑出后，将接力棒换到右手，以后每次接力棒的传递均以此法传接。

2. 接力跑的练习方法

(1) 学习传、接棒技术方法。

①持棒原地摆臂做上挑和下压式传、接棒的练习。②在走步中进行传、接棒练习。③在跑道上慢跑中进行传、接棒练习。④在跑道上进行中速跑和快速跑传、接棒练习(40～60 米)。

(2) 学习在接力区内传、接棒方法。

①接棒人的站立式和半蹲式起跑练习。②用中速跑在接力区内做传接、棒练习。③用快速跑在接力区内做传、接棒练习。④按照规则要求进行全程接力跑练习和比赛。

3. 接力跑常见的错误动作与纠正方法

(1) 接棒人过早地超越传、接棒的标志线，使传棒人无法向他传棒。

纠正方法：①全神贯注地起跑，缩短起跑标志线和接力区的距离，经常在高速跑的情况下练习传、接棒动作；②正确判断同伴的跑速和自己的竞技状态。

(2) 传棒人超过接棒人。

纠正方法：延长起跑标志线和接力区之间的距离，其余均同上一错误动作的纠正方法。

(3) 接棒人接棒时回头看，影响跑速。

纠正方法：①练习较慢速度时的接棒动作；②目光始终向前，反复练习，消除紧张心理。

(4) 掉棒。

纠正方法：①在中速跑动中安全地传、接棒，传、接棒时严格按照先后次序；②传棒人应负主要责任，必须握紧棒，直到安全送到接棒人手中为止；③明确传、接棒时手持棒的正确部位。

5.2.4　中长跑

中长跑是中距离跑和长距离跑的简称，项目主要有 800 米、1500 米、3000 米、5000 米、10000 米。

1. 中长跑的基本技术

中长跑在动作要求上基本相同，但由于距离的长短和速度的快慢不同，跑的技术也有区别。中长跑技术可分为起跑和起跑后的加速跑、途中跑、终点跑三个部分。

1) 起跑和起跑后的加速跑

中长跑采用站立式起跑。800 米以上的距离是按两个信号完成起跑动作的。

发令前，运动员位于起跑线附近，当听到"各就位"的口令后，做一两次深呼吸，慢跑到起跑线后站立，把有力的脚放在前面，上体前倾，两脚弯曲，重心落在前脚上。前脚异侧臂在体前自然弯曲，同侧臂放在体后，保持身体稳定。当听到枪声时，后脚迅速蹬地前摆，前腿迅速用力蹬直，两臂有力地前后摆动，迅速向前冲出，占据有利位置。

起跑后的加速跑是指起跑第一步落地到发挥出预计的速度或跑到战术位置这段距离。这段加速跑上体逐渐抬起，有力地摆臂，根据项目、个人特点、战术、比赛情况确定加速的距离和速度。

2) 途中跑

中长跑由于途中跑的距离长，因此，途中跑的技术十分重要。

上体姿势要求保持正常姿势，上体前倾角度为 75°～85°。后蹬和前摆是中长跑技术中最主要的动作。在后蹬之前，摆动腿要做好折叠动作；后蹬时，摆动腿要协调并积极地前摆，同时带动髋关节前送。后蹬用力比短跑小，后蹬角度比短跑大，为 50°～55°。大腿前摆的高度比短跑低。前摆结束后，大腿积极下落，着地时要求柔和而有弹性，两脚落在一条直线上。中长跑由于距离长，体力消耗大，人体对氧气的需要量会不断增加。因此，中长跑一般都采用口和鼻同时进行呼吸。呼吸要有节奏，一般是二步一呼、二步一吸或三步一呼、三步一吸。在平时练习中应强调呼吸的重要性。

3) 终点跑

终点跑是临近终点的一段冲刺跑。终点跑的距离要根据项目、训练水平、个人特点、战术需要和对手情况而定。一般情况下，800 米可在最后 300～200 米，1500 米在最后 400～300 米，3000 米以上可在最后 400 米或稍长距离开始终点冲刺跑。速度好的运动员，往往在跟随跑的前提下，在最后一个直道时突然加速；耐力好的运动员，多采用更长段落的冲刺跑。不论终点跑距离长短，在冲刺跑之前，都必须抢占有利位置，并注意观察对手情况，运用全部力量冲过终点。

2. 中长跑的练习方法

1) 耐力练习

耐力练习的方法有以下几种。①长距离慢跑或走跑交替练习。②较长距离的匀速越野跑。③各种球类活动，如篮球、足球等。④反复跑：若跑的距离比自己的专项距离长时，反复跑的次数要少一些，每次休息时间要长一些；若短于专项距离时，反复次数可多一些，每次之间休息时间短一些。反复跑距离可采用 100～300 米、400～800 米、1000～

1600 米等。⑤专项距离的测验或比赛等。

2）速度练习

快速的反复跑练习：60 米、100 米、200 米等。

3）力量练习

中长跑最需要的力量素质是力量耐力。①各种跳跃练习：跨步跳、单足跳、蛙跳、多级跳、跳台阶、蹲跳起等。②举重练习：抓举、挺举、跳挺轻杠铃、肩负杠铃的体前屈和左右转体等。③负重跳起练习：持杠铃蹲跳起、肩负重物的单双足跳等。

4）技术练习

中长跑的技术练习主要是在大量跑的练习中进行，还可针对运动员的技术情况，利用各种跑的专门性练习改进技术。小步跑、高抬腿跑、后蹬跑都是改进腿部技术、发展腿部力量和灵敏协调性的好方法。步幅与步频、腾空与支撑之比，呼吸与跑的节奏，上、下肢配合，跑的距离与步长的关系等，也都是中长跑技术训练不应忽视的。

3. 中长跑常见错误动作与纠正方法

1）跑的动作紧张，不协调

纠正方法：①明确放松的意义和正确的技术概念；②注意跑的节奏和呼吸的配合；③多做上体自然正直的放松跑转加速跑；④多做肩、髋部位的柔韧性练习。

2）身体左右摇晃

纠正方法：①让运动员沿着一条直线跑，两脚内缘切在线的左右；②沿着 20～25 厘米宽的小道跑。

3）摆腿前摆不够高

纠正方法：上体保持稍前倾姿势，在跑道上做高抬腿跑，跑过每隔 80～100 厘米在一条直线上放的 10～15 个实心球。

4）坐着跑姿

纠正方法：反复做跨步跑、跨步跳、多级跳等练习。

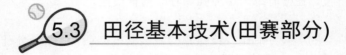

5.3 田径基本技术(田赛部分)

田赛是田径运动的一类，是在田径场规定的区域内进行的跳跃及投掷项目竞赛的统称。田赛可分为跳和掷，其中跳的项目有跳高、跳远、三级跳远、撑竿跳高；掷的项目有铅球、铁饼、标枪、链球等。以高度或远度计算成绩的项目叫田赛。

5.3.1 跳高

跳高是一种克服垂直障碍的跳跃项目，它由助跑、起跳、过杆和落地几个部分的动作组成，这些动作是紧密相连、相互作用的一个整体。

随着跳高技术的发展，跳高方法经历了跨越式、剪式、滚式、俯卧式和背越式几个阶段。由于背越式技术结构相对简单易学，而且具有快速的技术特征，能与力量完美地结合起来，使技术动作表现出很高的效率，所以取代了其他传统的跳高方法，成为现代最先进的跳高技术。

1. 背越式跳高技术

背越式跳高的完整技术由助跑、起跳、过杆和落坑四个部分组成(见图5-8)。

图 5-8

1) 助跑

助跑的任务在于获得身体向前移动的水平速度,同时为快速有力的起跳创造良好的条件,助跑的距离一般为8～12步,全程呈抛物线曲线,或者是一条直线接抛物线曲线。

背越式跳高的助跑技术近似于短跑的途中跑,但要求身体重心高而平稳,上体略有前倾,后蹬充分有力,前摆抬腿积极自然,动作连贯,两臂配合大幅度地摆动。在弧线上跑进时,身体逐步地向内倾斜,加大外侧臂和腿的摆动幅度,头、躯干和腿的支撑点应在力的作用线上。助跑的整个过程,加速节奏明显,尤其是最后几步应积极跑进,加大每一步支撑阶段身体重心前移的幅度和速度。

为了使助跑快速、连贯地过渡到起跳,要求最后第二步保持继续跑进的姿势,动作结构无明显的变化。摆动腿着地以后,身体重心迅速地移至支撑垂直部位,并依靠摆动腿的"牢固"支撑,保持身体的内倾姿势。此后摆动腿有力地蹬伸,直至脚扒地蹬离地面,推动髋部和躯干大幅度地快速前移。摆动腿的这一主动动作,对加速身体重心前移的速度和踏上起点,有着十分重要的意义。

2) 起跳

背越式跳高的起跳在起跳脚踏向起跳点时,要求保持身体的内倾姿势向前送髋和前移躯干,并使起跳腿一侧的髋超越摆动腿同侧髋,同时控制肩轴与横杆垂直,形成肩轴与髋轴的扭紧状态。然后,起跳腿以大腿带动小腿积极下压着地。着地时起跳脚外侧跟部接触地面,然后通过脚的外侧滚动至全脚掌,脚尖朝向弧线的切线方向。随着身体由内倾转为垂直,迅速地完成缓冲和蹬伸动作。蹬伸动作依次由髋、膝、踝顺序用力,躯干和三个关节充分伸展,运动员顺势向上跳起。为了加快起跳的速度,在起跳过程中,腿臂的协调配合起着积极的作用。目前大多采用屈腿或折叠式的摆腿方法，即在助跑最后一步摆动腿蹬离地面以后，以髋发力加速前摆大腿，同时小腿随着惯性自然向上折叠。起跳腿着地瞬间，摆动腿已靠近起跳腿，膝关节的弯曲接近最大程度。然后大小腿的角度有所展开，摆动腿沿着助跑弧线的延续方向加速上摆，直至减速制动。

摆臂的方法有双臂摆动和单臂摆动两种。前者有助于加大摆动的力量，后者有助于缩短起跳时间。但无论采用何种摆动方法，都要求快速、充分，与摆动腿的摆动协调配合。

3) 过杆

当起跳腿蹬离地面结束起跳以后，身体应保持较伸展的姿势向上腾起，同时在摆动腿和同侧臂的带动下，围绕身体纵轴旋转，使身体转向背对横杆。这时采取较伸展的姿势，可以减慢围绕身体矢状轴和额状轴的旋转速度，防止上体过早地倾向横杆，有助于以摆动腿同侧臂和肩为先导超越横杆。

当头和肩越过横杆以后，应及时地仰头、倒肩和展体，并利用身体重心向上的速度，收腿挺髋，形成身体的背弓姿势。这时两腿屈腿稍后收，两臂置于体侧，这样可以缩短半径，加快围绕身体额状轴的旋转。当身体重心移过横杆时，则应做相反的动作即含胸收腹，控制上体继续下旋，同时以腰部发力带动大腿和小腿加速向后上方甩腿，使整个身体脱离横杆。

4) 落坑

落坑技术比较简单，在向后上方甩腿之后，保持屈体伸膝的姿势下落，最后以肩部或背部落于海绵坑。落坑后做好缓冲，防止受伤。

2. 背越式跳高的练习方法

(1) 背越式过杆落地技术的练习方法。①背对海绵垫站立，挺身展体，后倒成桥，两肩着垫。②仰卧垫上，两脚蹬高物，利用脚蹬高物之力挺身，接着收腹举腿。③原地双脚起跳、引肩、挺身、屈膝、肩背着垫。④在练习③的基础上，越过橡皮筋，体会挺身和过杆时收腿、上举小腿的时机。

(2) 起跳技术练习方法。①站立，一手抓支撑物，摆动腿向前上方摆动，同时支撑腿配合充分前伸，髋前送。②沿直径为 15～20 米的圆圈走动，每隔一步做一次摆腿和摆臂练习。③沿半径为 10 米左右的弧线助跑 3 步起跳，连续做 5～6 次。3 步助跑节奏要明显，注意体会弧线助跑转入起跳时上体由内倾到竖直的垂直用力感觉。④在弧线上跑 3～5 步起跳后，做背越式过杆动作。

(3) 助跑与起跳相结合技术的练习方法。①沿直径为 25～30 米的圆圈做加速跑。注意加速时身体内倾，并保持身体平衡。②先沿直线跑进，然后切入弧线加速跑。③5～7 步弧线助跑起跳摸高(此练习在海绵包前起跳)。④在不同弧度的弧线上做助跑起跳练习。

(4) 完整的背越式跳高技术练习方法。①沿弧线 4～6 步助跑起跳后，仰卧在高置的海绵垫上。②4～6 步助跑起跳过杆练习。③全程助跑背越式跳高练习。④进行技术评定和达标，强化完整技术。

3. 背越式跳高常见的错误动作与纠正方法

1) 起跳前减速和制动

纠正方法：①重复讲解背越式跳高的技术特点，进一步建立助跑与起跳相结合技术的

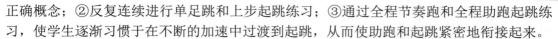

正确概念；②反复连续进行单足跳和上步起跳练习；③通过全程节奏跑和全程助跑起跳练习，使学生逐渐习惯于在不断的加速中过渡到起跳，从而使助跑和起跳紧密地衔接起来。

2）起跳后过早倒体

纠正方法：①消除怕过不了杆的心理障碍，要让学生明白，由于助跑最后一步与横杆约成 30°角，水平方向的运动已经提供了人体总重心超越横杆的可能性，因此，起跳时应把所有的注意力集中于向上的起跳；②反复进行全程助跑、全程助跑起跳和过杆练习。

3）挺髋不充分，"坐着"过杆

纠正方法：①在过杆教学时，可先用橡皮筋代替横杆，并注意设置的位置靠海绵垫近一些，以确保练习时的安全，消除学生的恐惧心理；②重复做原地倒肩挺髋练习和原地跳起过杆练习，进一步体会过杆的动作顺序和用力部位；③借助于助跳板做助跑起跳上高海绵台练习，使学生能在较大的腾空高度和较充裕的腾空时间内，体会倒肩展体与收腿挺髋的协调配合，直至做出良好的背越姿势。

5.3.2　跳远

1. 跳远的基本技术

跳远的完整技术由助跑、起跳、腾空和落地四个部分组成。根据在腾空阶段的动作特点，跳远技术可分为蹲踞式、挺身式和走步式三种。对跳远成绩起决定性作用的是最后几步特别富有节奏的助跑及快速、有力和协调的起跳。跳远的最大远度取决于身体重心抛物线，而抛物线又是由初速度、腾起角度和腾起高度所形成的。身体重心抛物线在人体离开地面之后无法改变。运动员在空中的任务只是如何保持身体平衡，为落地做好充分准备（图 5-9 所示为挺身式跳远）。

图 5-9

1）助跑

助跑的任务是获得较高的水平速度，并为准确、快速有力地踏板和起跳创造条件。

跳远成绩与助跑速度有着密切的关系。为了获得较高的助跑速度，必须确定相应的助跑距离。在确定距离和步数时，要根据训练水平和个人特点而定。一般男子助跑距离为35～48 米，跑 24 步；女子助跑距离为 32～44 米，跑 16～22 步。

助跑开始姿势有两种，一种是站立式：其优点是用力的大小易控制、稳定，开始几步的步幅、节奏变化小，有利于助跑步点的稳定和准确，但易造成肌肉紧张。另一种是行进间起动：先走几步或轻松地跑几步，踏上起跑线再开始加速，其优点是轻松自然。

助跑的加速方式有两种，一种是积极加速：一开始助跑就加速，这种方法适用于加速能力强者。另一种是逐渐加速：助跑开始后，速度由慢到快逐渐加速。初学者或加速能力弱者常采用此种方法。

最后几步助跑是助跑技术中的重要环节。这时既要保持高速度，又要做好起跳准备。最后几步助跑的动作仍然应保持较大的幅度和速度，身体重心应保持较高位置，平稳向前移动，在保持步长的基础上，加快步频，形成加速上板的趋势。

2) 起跳

起跳可分三个阶段，即起跳脚着板、缓冲阶段和积极蹬伸。

(1) 起跳脚着板：动作类似跑步动作，起跳脚着板要积极，此时起跳脚与地面之间的角度为65°～70°，必须尽可能用全脚踏板。

(2) 缓冲阶段：起跳的质量很大程度上取决于缓冲阶段的动作，起跳脚踏板时所产生的压力在缓冲阶段通过踝、膝和髋关节轻微弯曲而得到缓冲。这时压力主要落在膝关节上面，起跳腿的弯曲角度为145°～150°，过大或过小，都会影响最后起跳效果。

(3) 积极蹬伸：起跳腿快速用力蹬伸，在充分蹬直髋、膝、踝三关节的同时，摆动腿折叠大小腿，快速有力而协调地向前上方摆动。摆动应从髋关节开始，带动髋部向前上方移动，摆动结束时迅速制动。在起跳结束时大腿达到水平状态，通过恰当的臂部摆动，使作用力的方向明显地指向前方。起跳时蹬地角度为70°～80°。

3) 腾空

跳远的腾空姿势有蹲踞式、挺身式和走步式三种。

(1) 蹲踞式：腾空后上体正直，摆动腿继续摆动，起跳腿屈膝前摆逐渐靠拢摆动腿，两臂上举，成蹲踞式，落地时前伸小腿。蹲踞式腾空动作简单易学，有助于初学者学习、体会和掌握正确的起跳动作，维护身体平衡及前伸小腿动作，但其动作易产生前旋。由于身体各部位都接近身体重心，因此从力学角度来讲对落地最为有利。

(2) 挺身式：运动员在起跳后将摆动腿下放，并后摆向起跳腿靠拢，小腿和大腿之间接近于直角，挺胸展髋，两臂由后向上，经前向下向后摆动，用力前甩小腿，接着向前上方抬起弯曲的双腿准备落地，躯干补偿性地下压，即将触地时收腹举腿，用力前甩小腿。挺身式的优点是有利于起跳动作做得快速、有力、充分，能使身体充分伸展，为落地前的收腹举腿、前甩小腿创造条件。

(3) 走步式：腾空阶段继续跑步，一般是两步半，成绩优异的运动员可跑到三步半。起跳后积极下放伸直的摆动腿并让它向后摆动(第一步)；同时将在膝关节处深度弯曲后的起跳腿前送，上体稍后仰，完成空中交换步动作(第二步)；两臂绕环摆动，接着将摆到身体后的摆动腿屈膝前摆，与起跳腿靠拢(半步)，并伸小腿落地，在空中完成两步半的走步式。如果在空中再继续将起跳腿放下，摆动腿前摆，然后起跳腿靠近摆动腿向胸部提举，双腿落地，就形成了在空中近三步半的走步式。走步式的优点是把助跑、起跳、落地都统一成"跳或走"的这一自然而习惯的要领中，有利于助跑和起跳做得连贯自然。但由于空中动作较复杂，要求有一定的腾空时间和具备较好的身体素质基础，不易为一般人所掌握和运用。

4) 落地

落地的任务是尽可能地将两脚向前伸出，使人体与沙堆的接触点放在身体重心轨迹的前面。落地技术有三种，即侧倒法、前倒法、坐式落地法。三种方法都要求落地前的团身动作要有适宜的时间，有利于双腿高抬前伸。团身动作结束后要及时地伸直双腿膝关节，前伸小腿落地。着地后及时缓冲，踝、膝关节和髋关节前送，将身体重心移过落地点。

2. 跳远的练习方法

1) 助跑与起跳

练习方法：①原地起跳模仿练习；②上一步或连续上一步起跳练习；③慢跑中做起跳；④4～6 步助跑起跳上跳箱盖；⑤6～8 步助跑起跳或腾空步；⑥在跑道上进行不带起跳的全程助跑练习。

2) 腾空和落地

(1) 蹲踞式腾空的练习方法：①4～6 步助跑起跳，腾空步后自然并腿落入沙坑；②4～6 步助跑起跳，腾空步后最高点控制起跳腿靠近摆动腿，落沙坑前有举腿动作；③4～6 步助跑起跳，腾空后越过障碍物；④中、全程助跑蹲踞式跳远练习。

(2) 挺身式腾空的练习方法：①原地摆动腿向下后方摆成挺身式；②站在高物上，下放摆动腿；③三步助跑起跳后向下后方放摆动腿；④4～6 步助跑起跳上斜板成腾空步后放摆动腿；⑤4～6 步助跑挺身式跳远练习；⑥中、全程助跑挺身式跳远练习。

(3) 走步式腾空的练习方法：①原地做走步式换步摆臂模仿练习；②走动中做换步摆臂模仿练习；③4～6 步助跑起跳后换步成弓箭步落地；④6～8 步助跑在斜板上起跳做二步半走步式跳远练习；⑤6～8 步助跑起跳、交换步后用起跳腿落入沙坑，紧接着向前跑进；⑥短中程助跑走步式跳远；⑦全程助跑走步式跳远。

跳远技术应反复加强基本技术的练习，重视快速起跳能力的培养，抓住快速助跑与起跳相结合的技术关键反复练习。在不断提高身体素质和跳远技术水平的基础上，加强全程助跑跳远练习。要进行全面的身体训练和专项身体训练，发展速度、爆发力、弹跳力、耐力、专项协调能力和专项柔韧性，才能取得好的跳远成绩。

3. 跳远常见的错误动作与纠正方法

1) 助跑步点不准

纠正方法：①采用固定的启动姿势，调整助跑标志物；②反复跑定步点，在快跑中固定步长和加速的方式；③稳定情绪，提高在不同气候和场地的情况下迅速应变的能力。

2) 助跑最后几步减速

纠正方法：①反复跑定步点，特别注意调整助跑最后 6～8 步的第二助跑标志物的设置；②强调助跑的最后阶段积极加强后蹬，加大两臂摆动，身体保持正直，提高身体重心，加速身体前移。

3) 起跳腿蹬伸不充分

纠正方法：①强调助跑最后几步提高身体重心的起跳练习；②强调起跳着地瞬间顶头、提肩、拔腰；③反复做 1～3 步的起跳练习；④做各种跳跃练习，改进动作的协调性和发展腿部力量。

4) "蹲踞式"跳远中身体向前旋转

纠正方法：①短、中程距离助跑跳远，要求起跳时身体保持正直，目视前方；②起跳后保持"腾空步"姿势，待达到最高点再提膝靠胸做落地动作；③连续做助跑起跳练习，着重改进摆腿和摆臂动作。

5) "挺身式"跳远中挺身过早

纠正方法：①加强起跳练习，强调"腾空步"姿势，待身体腾越一定距离后再做挺身动作；②在起跳板前 1.5～2 米处设置一个高度为 30～50 厘米的橡皮筋或横杆，要求越过障碍物后再做挺身展体动作。

6) "挺身式"跳远中以挺腹代替挺身

纠正方法：①腾空时要求头部正直，下放摆动腿时要求先向下伸展髋部，然后稍向后摆，而起跳腿屈膝稍向前提，形成摆动腿较直、起跳腿稍屈膝的姿势；②在两臂悬垂或支撑状态(单杠、双杠上)做挺身式模仿动作。要求同上。

7) "走步式"跳远中，空中两腿换步的幅度小，动作不协调

纠正方法：①支撑或悬垂在器械上，模仿空中走步，体会换步时以大腿带动小腿的大幅度摆动动作；②在跑道上做徒手练习，体会两腿换步与两臂环绕的协调配合动作；③助跑 8～10 步在斜面踏跳板上起跳，在增加腾空高度的情况下，反复体会空中换步及并腿落入沙坑的动作。

5.3.3 推铅球

推铅球是速度力量型项目。推铅球的方法目前主要采用背向滑步推铅球和旋转推铅球两种方式。在此仅介绍背向滑步推铅球技术(见图 5-10)。

图 5-10

1. 背向滑步推铅球技术

1) 握持球(以右手投掷为例)

推球的手五指自然分开，将球放在食指、中指和无名指的指根处，拇指和小指贴在球的两侧，以保持球的稳定。高水平运动员可将球移至第一指骨上方，以利于发挥手指、手腕推球力量。推好球后，将球放到锁骨内端上方，贴紧颈部，掌心向前，右肘微抬起，右手臂与躯干约成 90°角，躯干与头部保持正直。

2) 滑步技术

预备姿势(以右手为例)：持球后，站立在投掷圈的后沿内，背对投掷方向，身体重心落在右脚掌上，左脚置于右脚跟后方 20～30 厘米处，以脚尖点地，帮助维持身体平衡。上体与头部保持正直，两眼平视，两肩与地面平行。

团身动作：站稳后，向前屈体，待上体屈至接近与地面平行时，屈膝下蹲，同时头部和左腿向右腿靠拢，完成团身动作。

滑步动作：滑步由身体重心向投掷方向快速移动。左腿向投掷方向开始伸摆，经过蹬伸右腿和回收右腿来完成，因此左腿的摆动方向、右腿蹬地角度，以及蹬地和摆动力量大小，速度的快慢是决定滑步效果的主要因素。右脚蹬地后快速收小腿和左腿摆动后的积极下落，不仅直接决定着滑步速度的快慢，而且是完成"超越器械"动作的关键，可以保证铅球出手前动作的连续协调和迅速转入推铅球的动作。

3) 最后用力

最后用力是从左脚落地前开始至铅球离手结束。最后用力是推铅球技术的关键环节，动作正确与否直接影响着铅球出手初速度、出手角度和出手高度。

滑步结束时，右脚应比左脚先着地。右脚着地后，右腿各关节蹬伸，推动右髋向投掷方向转动。上体在转动中逐渐抬起，这时左臂由胸前向左上方摆动，使原来背对投掷方向转至左侧对投掷方向。左臂和左肩高于右肩，铅球尽可能保持较低位置，体重大部分仍在弯曲面压紧的右脚上，形成推铅球的有利姿势。

由于右腿不停地蹬伸，加速右髋继续向投掷方向转动和上体逐渐前移(投掷方向)，体重逐渐移至左腿。这时左膝微屈，当左臂向体侧摆动时，胸和头部再转向投掷方向。

右腿蹬伸，进一步将右髋向投掷方向送出，随着右肩前送，左臂已摆至体侧制动，保证右臂做出正确的推球动作和推出的方向。铅球快出手时，手腕稍向内转，同时屈腕，快速而有力地拨球，使铅球从手指离开，加快出手速度，推球的角度一般是 35°～39°。

4) 维持身体平衡

铅球离手后，两腿前后交换，同时身体左转，并及时降低身体重心，以便减缓向前冲力，维持身体平衡，避免出圈犯规。

2. 推铅球的练习方法

推铅球的技术练习可分为滑步和最后用力两部分。最后用力是练习的重点，滑步与最后用力的结合是练习的难点。

(1) 推铅球最后用力技术的练习方法。①掌握铅球的握持方法，并持球练习。②原地轻推铅球。正对投掷方向，两脚左右开立与肩宽相同，两腿弯曲，右手持球于肩上，左臂自然上举，利用两脚蹬地力量，将铅球向前上方推出。③原地侧向推铅球。侧对投掷方向，两脚左右开立略宽于肩，两膝微屈，通过向右屈体，并利用躯干的反振、转肩将球推出。④原地背向推铅球。背对投掷方向，两脚前后开立、体前屈、下蹲，按侧向推铅球要求将球推出。⑤原地背向出左脚推铅球。预备姿势与背向推铅球相同。推球时，左膝回收至右膝附近然后迅速向后伸出落地，身体形成侧弓，在左腿有力的支撑下，利用躯干的反振作用，顺势转肩伸臂立即将球推出。

(2) 滑步技术的练习方法。①摆动腿的摆动练习。左手拉住同肩高的固定物或同伴的手，左脚回收接近右腿时，左腿向投掷方向摆动前身体重心略向后移，接着左腿摆动，右腿蹬伸，推动身体向投掷方向移动。②拉收右腿练习。两腿前后直立(两脚比肩宽)，重心在两腿之间，上体稍前屈。从这个姿势开始，迅速将小腿收到重心下负担身体重量，并保持平衡。当右腿收到重心下快着地时，左腿快速向后撤步，形成最后用力前的姿势。③徒手的背向滑步练习。经过屈膝团身，髋部及身体重心后移，及时向后伸摆左腿，接着进行蹬伸右腿、回收右小腿等一系列动作完成滑步练习。④徒手背向滑步成最后用力姿势。随着右腿滑动的结束，左腿迅速有力地着地，完成滑步向最后用力的转换。

(3) 背向滑步推铅球完整技术的练习方法。①圈内进行徒手模仿背向滑步推铅球完整技术。②圈内背向滑步推各种重量的铅球。③圈内背向滑步推标准重量的铅球。④改进技术细节。⑤技评和达标。

3. 背向滑步推铅球常见的错误动作与纠正方法

1) 推球时手腕、手指用不上力，或挫伤手指

纠正方法：①加强手腕、手指的力量练习，如持哑铃或轻杠铃屈腕练习等；②向下对地推球练习，手腕、手指适当紧张，体会推拨球动作；③注意正确的用力顺序，养成自上而下的用力习惯。

2) 滑步距离太短

纠正方法：①在地上画出右脚落地的标志，要求滑步后右脚落在标志上；②徒手或持球做摆蹬结合的练习。

3) 滑步后上体过早抬起，身体重心移至两腿之间

纠正方法：①练习者双手或左手拉住同伴或橡胶带做滑步练习；②滑步中要始终目视地上 2~3 米处的标志。

4) 滑步后停顿，不能与最后用力紧密衔接

纠正方法：①徒手或持球做滑步摆腿练习，注意摆腿的方向；②加强腿部力量，尤其是爆发力练习。

5) 推球时身体向左侧

纠正方法：①滑步后保持上体的正确姿势和左臂的用力方向；②画线限制学生左脚落地位置。

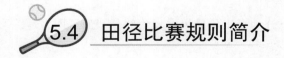

5.4 田径比赛规则简介

5.4.1 径赛规则

径赛一般可分为第一轮(Round 1)、第二轮(Round 2)、半决赛(semi-finals)和决赛(finals)

四个赛次。而赛次的安排和分组以及每一赛次的录取人数等由报名参加比赛的人数所决定。预赛分组时要尽可能把成绩好的运动员平均分配到不同的小组中去。在其后的各轮比赛中，分组依据运动员在前一轮的比赛成绩。如果可能，相同国家或地区的运动员应分开。

(1) 参加径赛项目的比赛运动员必须按时到赛前控制中心检查。凡服装、号码、钉鞋及随身携带的旅行包等物品不符合要求者，不允许其入场比赛。凡点名不到者，取消其比赛资格。

(2) 在国际赛事中，所有 400 米或以下的径赛项目，必须采用蹲踞式起跑及起跑器。发令员口令为"各就位"(on your marks)、"预备"(set)，最后发令枪响。在"各就位"(on your marks)及"预备"(set)口令之后，参赛者应立即完成有关动作，否则属起跑犯规。如果有运动员抢跑，发令员就会宣布起跑犯规。对第一次起跑犯规的运动员应给予警告，除了全能项目之外，每项比赛只允许一次起跑犯规而运动员不被取消资格，之后每次起跑犯规的运动员均将被取消该项目的比赛资格。

(3) 400 米及 400 米以下的项目(包括 4×100 米、4×400 米接力跑)和 800 米跑，均为分道跑和部分分道跑径赛项目，道次由大会抽签决定。参赛者越出跑道，获得实际利益或冲撞、阻碍其他参赛者，会被取消资格。如果参赛者被推或挤出指定的跑道，只要未获得实际利益也未影响他人，可不取消其参赛资格。同样，任何参赛者在直道中越出其跑道或在弯道中越出其跑道的外侧，只要没有获得实际利益及阻碍他人，均不算犯规。

(4) 400 米以上(不含 400 米)的径赛项目，均采取站立式起跑。发令员口令为"各就位"，当所有参赛者在起跑线后准备妥当静止后，便可鸣枪开始比赛。

(5) 接力赛中，运动员必须在 20 米的接力区内完成交接棒。"接力区内"的判定是根据接力棒的位置，而不是根据参赛者的身体或四肢的位置。接力棒必须拿在手上，直到比赛结束为止。完成交接棒后，运动员应留在本队的跑道中以免因影响他人而被取消比赛资格。任何人掉了棒，必须由其本人拾回，而且要在不影响别人的情况下，方可越出自己的跑道拾回接力棒。

(6) 4×100 米接力跑是分道进行的，接棒者可以在接力区前 10 米内起跑。在 4×400 米接力跑中，第一棒全程及第二棒的第一弯道可以分道跑，第二棒运动员在跑至抢道线后方可自由抢道。第一棒的传接必须在参赛者指定的跑道内进行，其余各棒的传接，裁判员根据第二及第三棒运动员通过 200 米起点处的先后，按次序让其第三及第四棒的队友在接力区内，由内至外排列等候接棒。所有接棒者均不可在接力区外起跑。

(7) 风速。在 100 米、200 米和 100 米栏、110 米栏比赛中，如果顺风风速超过 2 米/秒，运动员创造的成绩就不能成为新的纪录。

(8) 公路赛。奥运会公路赛包括男、女 20 公里竞走、男 50 公里竞走以及男、女马拉松比赛。当发令员召集运动员到出发线以后，运动员必须按抽签排定的顺序排列。发令员枪响以后比赛开始，任何人两次抢跑都会被取消比赛资格。

(9) 比赛中有 6～9 名专职的竞走裁判员监督运动员。按规则规定，他们不能借助任何设备帮助判断，只能依靠自己的眼睛来判断运动员是否犯规。当竞走裁判员看到竞走运动员的动作有违反竞走规则的迹象时，应予以黄牌警告，并在赛后报告给主裁判。当运动员的行进方式违反竞走规则的规定，表现出肉眼可见的腾空或膝关节弯曲时，竞走裁判员必须将红卡送交竞走主裁判。当竞走主裁判收到针对同一名运动员的 3 张来自不同竞走裁判员的红卡时，该运动员即可被取消比赛资格，并由主裁判或主裁判助理向其出示红牌通知他(她)。

(10) 取胜。躯干第一个触到终点线的运动员为优胜者。在田径比赛中，所有赛跑项目参赛者的名次取决于其身体躯干(不包括头、颈、臂、腿、手或足)抵达终点线后沿垂直面为止时的顺序，以先到达者名次列前。在任一赛次中，按成绩录取进入下一赛次时如遇运动员成绩相等，则终点摄像主裁判应考虑有关运动员的 1/1000 秒的实际成绩。如果成绩依然相等，则有关运动员均应进入下一赛次。如实际条件不允许，应抽签决定进入下一赛次的人选。在决赛中第一名成绩相同，裁判长有权决定是否重赛，若无条件重赛，则并列第一；至于其他名次成绩相同，按并列处理。

5.4.2 田赛规则

(1) 运动员的检录一律在检录处进行。

(2) 按比赛时间提前进入比赛场地(10～15 分钟)。每名运动员可以在比赛场地练习试跳或试掷，但试掷一定要在裁判员的监督下进行。比赛一旦开始，不再允许运动员在比赛区进行任何练习。

(3) 运动员可以使用标志物，但不能污染跑道和有碍视线。

(4) 比赛顺序。预赛按编排的顺序进行。决赛前两次按每人在预赛所取得的最好有效成绩的倒序进行。最后一次则按前五次所取得的最好成绩的倒序进行。

(5) 比赛次数。远度项目：参加比赛的人数在 8 人或 8 人以下每人都有 6 次机会，包括前 3 次试跳或试掷均失败的选手；参加比赛的人数在 8 人以上，每人先进行 3 次预赛，成绩较好的前 8 名包括与第 8 名成绩相当的运动员再进行后 3 次的决赛。高度项目：每个高度每人有 3 次试跳机会。

(6) 成绩丈量。均以 1 厘米为最小丈量单位，不足 1 厘米不计。远度项目每次成功都要丈量；高度项目每递升一个高度或运动员试跳失败造成跳高架和横杆明显移动，都要进行丈量。

(7) 名次判定。远度项目：成绩优者名次列前，如遇成绩相等则次优成绩优者名次列前，依此类推；如依然相等又不涉及第一名则名次并列，取消相继后续名次；如涉及第一名则要进行名次决赛。高度项目：以最后通过的高度排列名次，如遇高度相等，首先看成绩相等高度，试跳失败次数少者名次列前；如依然相等，则要看总失败次数，少者名次列前；如依然相等，不涉及第一名名次则并列，涉及第一名则要进行名次决赛。名次决赛在最后一次。

(8) 兼项请假。运动员同时参加多项比赛，可以在某项比赛中以不同于原来的比赛顺序先进行一次试跳或试掷，回来后错过的轮次不补。

(9) 免跳。高度项目运动员可以在任一高度申请免跳，但不能在同一高度恢复试跳，除非是决名次赛。

(10) 投掷项目的个人保护措施，在规则上有一定的限制。

(11) 比赛成功。用举白旗表示。

(12) 高度项目记录符号。成功符号为 O、失败符号为 X、免跳符号为一、请假符号为△。

(13) 其他。主要包括及格赛、延误比赛、阻挡。

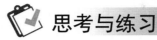 思考与练习

1. ＿＿＿ 年举行的第一届现代奥运会就把田径项目列为主要的比赛项目，至今已有 100 多年的历史。

2. 短跑是一脚支撑和双脚支撑交替进行的周期性运动吗？

3. ＿＿＿项目和＿＿＿项目合称为田径运动。

4. 简述背越式过杆落地技术的练习方法。

5. 在短跑中常见的错误动作与纠正方法有什么具体内容？

6. 在推铅球时身体向左侧应当如何纠正？

第6章 篮 球

　　篮球(basketball)，是以手为中心的身体对抗性体育运动，是奥运会核心比赛项目。1891 年 12 月 21 日，由美国马萨诸塞州斯普林菲尔德基督教青年会训练学校体育教师詹姆斯·奈史密斯发明。1992 年，巴塞罗那奥运会开始，职业选手可以参加奥运会篮球比赛。国际上篮球运动的最高组织机构为国际篮球联合会，于 1932 年成立，总部设在瑞士日内瓦。中国篮球运动的最高组织机构为中国篮球协会，成立于 1956 年 10 月。

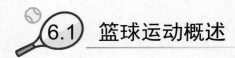

6.1　篮球运动概述

篮球(basketball)，是奥运会的核心比赛项目，是以手为中心的身体对抗性体育运动。篮球运动是 1891 年由美国人詹姆斯·奈史密斯发明的。当时，他在马萨诸塞州斯普林菲尔德基督教青年会国际训练学校任教。由于当地盛产桃子，这里的儿童又非常喜欢玩将球投入桃子筐的游戏。这使他从中得到启发，并博采足球、曲棍球等其他球类项目的特点，创编了篮球游戏。

6.1.1　篮球运动的起源与发展

1892 年，奈史密斯制定了 13 条比赛规则，对比赛场地的大小、参加人数的多少进行了限制，这也是篮球运动的第一部规则。1893 年篮球传入法国，1894 年传入我国(首先在天津落地)，1901 年传入日本和伊朗，1905 年传入俄国。1904 年美国青年会男子篮球队制定了全国统一的篮球规则，并用多种文字出版，发行于全世界。此后，篮球运动逐步在世界各地开展起来。1932 年，在瑞士成立了国际业余篮球联合会。1936 年第 11 届德国柏林奥运会将男子篮球列入正式比赛项目。1976 年第 21 届加拿大蒙特利尔奥运会将女子篮球列入了正式比赛项目。

6.1.2　篮球运动的特点和价值

(1) 篮球运动对抗性强。比赛中双方始终在有限的场地上进行着高速度、大强度的攻守争夺。这种运动有利于培养运动员勇敢顽强的意志品质和拼搏精神。

(2) 篮球比赛的技术、战术在运用时具有复杂性和多变性。

(3) 篮球比赛可以培养运动员的集体荣誉感和互助互爱的精神。

(4) 篮球比赛具有健身性。从事篮球运动对人的机体有综合性的影响，能增进健康，促进力量、速度、耐力、灵敏性等身体素质的全面发展和提高内脏器官的功能，提高自身各感受器官的功能，提高广泛分配和集中注意的能力，以及空间、时间和定向能力。提高神经中枢的灵活性，以及协调支配各器官的能力。

(5) 篮球比赛趣味性强。篮球比赛可以使参加者或观看者不断地产生各种情感体验，使人们能得到兴奋、焦虑、激动、懊丧等不同的感受。同时，由于篮球比赛紧张、激烈、精彩，人们非常喜爱观看，丰富了人们的业余文化生活，促进了精神文明建设。

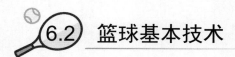

6.2　篮球基本技术

篮球技术是在比赛中为了达到一定的目的所采用的各种专门动作方法的总称。篮球进攻技术包括传球、接球、运球、投篮、持球突破等；防守技术包括防守、抢、打、断球等。无论是进攻技术还是防守技术都含有移动和抢篮板球的基本技术。

6.2.1　移动

移动是篮球技术的基础，是比赛中运用最多的一项基本动作。进攻中为了摆脱对手，切入接球或合理运用传、运、投、突；防守中为了抢占位置，堵截对手，或抢断球，都离不开移动技术。

移动技术的动作要领和关键环节如下所述。

1. 基本站立姿势

动作要领：两脚前后或左右开立，略比肩宽，两膝微屈，重心落在两脚之间，上体稍前倾，脚跟微微提起，两臂弯曲自然放于体侧，抬头含胸，目视前方。

关键环节：降低重心，保持最大的机动性。

2. 启动

动作要领：启动时以后脚或异侧脚的前脚掌短促有力地蹬地，上体迅速前倾或侧转，向跑动方向移动重心，手臂协调摆动，脚快速向跑动方向迈出。起动后的前两步，要短促而快速，在最短的距离内把速度充分发挥出来。

关键环节：移动重心，蹬地起动突然。

3. 跑

1）侧身跑

侧身跑是队员观察场内情况，迅速摆脱与超越防守时采用的一种方法。

动作要领：跑动中，头和上体自然地向有球方向扭转，脚尖朝向跑的方向，既要保持跑速，又要观察场上情况。

关键环节：上体侧身转肩，脚尖朝向跑的方向。

2）变速跑

动作要领：加速时，用前脚掌短促有力地蹬地，上体稍前倾。减速时上体稍直立，前脚掌用力抵住地面，从而降低跑速。

关键环节：采用身体重心的前移后倒、脚的后蹬前顶等方式改变速度。

3）变向跑

动作要领：从右向左变向时，右脚尖稍内扣，同时右脚前脚掌内侧用力蹬地，随之腰部扭转，上体向左前倾，左脚向左前方跨出一小步，右脚迅速向左腿的侧前方跨出一大步，继续跑动。

关键环节：右脚蹬地，屈膝内扣，转移重心，加速跑动。

4）后退跑

动作要领：用两脚的前脚掌交替蹬地向后跑动，同时提踵，身体稍前倾，抬头观察场上情况，两臂协调摆动以保持身体平衡。

关键环节：前脚掌蹬地、提踵，保持身体平衡。

4. 跳

1）双脚起跳

动作要领：起跳前两膝弯曲，重心下降，上体稍前倾，两臂微屈，肘外张。起跳时，两脚用力蹬地，并用提踵、提腰、摆臂的力量使身体向上腾起。落地时，前脚掌先着地，屈膝缓冲，保持平衡，以便衔接下一个动作。

关键环节：重心下降，用力蹬地，腰臂协调提摆，身体自然伸展。

2) 单脚起跳

动作要领：起跳时，最后一步步幅要小，起跳脚用全脚掌着地，屈膝降重心，用力蹬地。另一腿屈膝上抬，同时摆臂提腰帮助起跳，落地时屈膝保持平衡。

关键环节：起跳腿屈膝迅速蹬伸；摆动腿、腰、臂协调向上用力。

5. 急停

1) 跨步急停(两步急停)

动作要领：急停时先向前跨出一大步，第二步落地时，两膝深屈，腰胯用力，重心下降，身体稍向侧转，用前脚掌内侧蹬地，重心在两脚之间。

关键环节：第一步脚掌抵地屈膝，上体侧转移重心；第二步用力抵地体内转，降重心。

2) 跳步急停(一步急停)

动作要领：急停时用单脚或双脚起跳，身体稍后仰，两脚同时平行或前后落地，两膝弯曲，重心下降，保持身体平衡。

关键环节：降低重心，保持身体平衡。

6. 转身

1) 前转身

动作要领：向左做前转身时，左脚为中枢脚，左脚提踵，前脚掌用力碾地，右脚前脚掌内侧蹬地，上体平稳左转，右脚蹬地后迅速落地。

关键环节：中枢脚前脚掌碾地，转体、跨步要快，身体平稳。

2) 后转身

动作要领：向右做后转身时，左脚为中枢脚，左脚提踵，前脚掌蹬地后迅速落地，身体平稳。

关键环节：中枢脚提踵，前脚掌辗地，同时转胯、转肩要快。

3) 滑步

动作要领：向左滑步时，左脚向左跨出，落地的同时右脚蹬地滑动跟随左脚移动，如此连续移动。

关键环节：屈膝降低重心，水平滑动。

7. 交叉步

动作要领：交叉步向右时，左脚用力蹬地迅速从右脚前向右交叉迈出，上体稍右转，左脚落地，右脚迅速向右侧方跨步，控制重心。

关键环节：用力蹬地，两脚交叉动作要快。

8. 后撤步

动作要领：后撤步时，两膝微屈，重心降低，前脚掌内侧着地，同时腰部用力向后转胯，后撤前脚，后脚碾地，然后用力蹬地紧接滑步，保持防守位置。

关键环节：前脚用力蹬地，转胯迅速后撤。

9. 攻击步

动作要领：做攻击步时，后脚猛力蹬地，前脚突然迅速向前跨出迫近对手。落地时重心偏在前脚上，前脚同侧手前伸做干扰和抢截性防守动作。

关键环节：两脚向前蹬跨快速，落地身体重心平稳。

6.2.2 传、接球

传球是篮球比赛中进攻队员之间有目的地转移球的方法，是上场队员之间相互联系和组织进攻的纽带，是实现战术配合的具体手段。

接球是持球进攻的基础，只有接好球，才能进行传球、投篮、突破或运球等动作。接球与传球密切相关，接球技术好，可以弥补传球的不足，减少传球失误。接球也是抢篮板球和断球的基础。

1. 传球方法

(1) 双手胸前传球(见图 6-1)。

①   ②

图 6-1

(2) 双手头上传球(见图 6-2)。

①   ②   ③   ④

图 6-2

(3) 双手低手传球(见图 6-3)。

图 6-3

(4) 单手肩上传球(见图 6-4)。

图 6-4

2. 投篮方法

(1) 原地双手胸前投篮(见图 6-5)。

图 6-5

(2) 行进间单手低手投篮(见图 6-6)。

图 6-6

(3) 行进间单手肩上投篮(见图 6-7)。

图 6-7

3. 投篮技术的练习程序与方法

1) 原地投篮

(1) 徒手投篮模仿练习：听信号持球—举球—投篮出手练习。

(2) 持球模仿练习：两人一组一球，相距一定距离，对投练习。

(3) 正面定点投篮练习：排成一个纵队近距离投篮，投篮后抢篮板球，将球传给后边的人投篮。

2) 行进间投篮

(1) 行进间投篮的基本脚步动作练习：两人一组一球，一人托球，另一人在走动或慢跑中跨右脚同时拿球，然后跨左脚并起跳，右手肩上投篮，练习互换。

(2) 排成一个纵队，在与球篮成 45°角的位置运球投篮：每人一球，运球投篮后，抢篮板球。

3) 跳起投篮

(1) 原地跳起投篮模仿练习：两人一组一球，相距一定距离，做原地跳起投篮练习。

(2) 运球急停跳起投篮练习：半场运球，到限制区附近时，急停跳起投篮。

6.2.3　持球突破

持球突破是持球队员运用脚步动作与运球技术相结合的快速超越对手的一项攻击性很强的进攻技术。它由蹬跨、转体探肩、放球、加速几个技术环节所组成。

1. 持球突破技术

(1) 交叉步持球突破。

(2) 同侧步持球突破。

(3) 跳步急停持球突破。

2. 持球突破技术的练习程序与方法

(1) 原地持球突破练习。①徒手模仿突破的各种脚步动作。②每人一球，面向球篮站立。做瞄篮动作后，快速向左侧或向右侧做跨步突破动作，然后收腿还原，重复练习。③排成一个纵队于罚球圈附近，做原地交叉步或同侧步持球突破练习。

(2) 跳步急停持球突破练习。①每人一球，向前抛球，高度在胸腹之间，单脚蹬地随球向前做一步急停接球，两脚平行落地，再衔接交叉步或同侧步持球突破动作。②每人一球，向左或右侧前方抛球，然后用同侧脚蹬地，单手接球做跳步急停，再衔接同侧步或交叉步持球突破动作。③一步急停接球，然后用交叉步或同侧步迅速突破上篮。

(3) 对抗情况下的持球突破练习。

6.2.4　抢篮板球

1. 抢篮板球技术

抢篮板球是投篮不中时，双方争夺控制球权的一项技术。抢篮板球技术是一项联合技术动作，由抢占位置、起跳动作、空中抢球动作和获球后的动作所组成。

(1) 双手抢篮板球。

(2) 单手抢篮板球。

2. 抢篮板球技术的练习程序与方法

(1) 徒手模仿练习。①原地起跳，双手或单手抢篮板球动作的模仿练习。②助跑单脚起跳触篮板练习。③结合上步、跨步、转身、滑步等脚步动作，做单、双脚起跳抢篮板球练习。

(2) 判断起跳和抢球练习。①每人一球，抛球击篮板，上步起跳，用双手或单手在空中抢反弹回来的球。②每人一球，跑动中向不同方向抛球，起跳后用双手或单手抢球。

(3) 对抗情况下的抢篮板球动作练习。

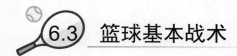

6.3　篮球基本战术

进攻战术基础配合是两三个进攻队员在进攻中采用的协同动作，是创造进攻条件和机会的简单配合。

⚽6.3.1　传切配合

传切配合是进攻队员之间利用传球和切入技术组成的简单配合。包括一传一切和空切。

1. 配合方法

图 6-8 所示为一传一切的配合方法(文中图例：○表示进攻队员，△表示防守队员，队员号码随图中数字；—表示队员移动路线，～表示队员运球路线，→表示队员传球路线，本章以下图类同)。④传球给⑤后，立即摆脱对手△向篮下切入，接⑤的回传球投篮。

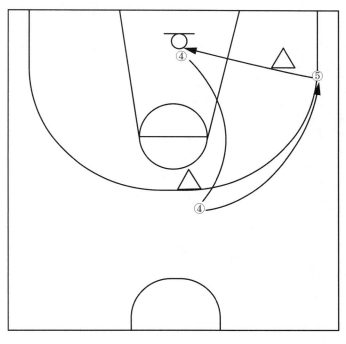

图 6-8

2. 配合时机

对方篮下较空，或失去防守位置时。

3. 配合要求

(1) 切入队员要掌握切入的时机和动作，摆脱防守直插篮下。

(2) 传球队员要及时准确地传球给切入同伴，使他接球后便于进攻。

4. 练习步骤与方法

(1) 传切配合的落位、切入路线和切入动作练习。

(2) 在消极防守情况下练习：防守队员消极防守，帮助进攻队员完成进攻任务。

(3) 在对抗情况下练习。

6.3.2　突分配合

(1) 突分配合是持球队员持球突破后，利用传球和同伴配合的方法。

(2) 配合方法：⑦从底线突破对手后，如△上来补防，△也后撤进行协助防守时，可及时传球给插入到有利位置的⑧或④进攻(见图 6-9)。

(3) 配合时机。对方换人或补防时，持球同伴突破的一刹那。

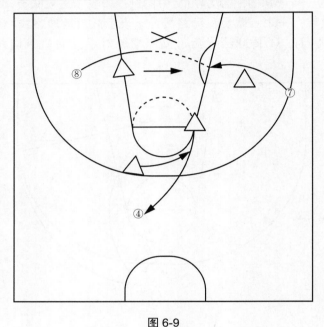

图 6-9

(4) 配合要求：①突破过程中，注意观察攻守队员的位置变化，如补防，则及时分球；②配合同伴在突破队员切入时迅速移动，与他拉开一定距离，形成一定的角度，接到球后，果断投篮。

6.3.3　掩护配合

掩护配合是采取合理的行动，用自己的身体挡住同伴的防守者的移动路线，使同伴借以摆脱防守获得进攻机会的一种配合方法。

(1) 配合方法：图 6-10 所示为侧掩护。⑤传球给④后跑到×的侧后方做掩护，④接球后先向左做突破假动作，然后突然从右侧贴着⑤的身体运球突破上篮，⑤转身切入篮下。

(2) 配合时机：掩护者用身体挡住同伴的防守者移动路线的一刹那。

(3) 配合要求：①掩护者要站在同伴的防守者移动的必经路线上，距离该对手半步左右，两脚自然开立，两膝微屈，上体稍前倾，以扩大掩护面；②借用掩护者的假动作来吸引自己的对手，待时机成熟，及时起动；③要观察防守者的位置和行动意图。当对方交换防守时，掩护者要及时转入掩护的第二动作，调整位置，转身切入篮下或转入其他进攻行动。

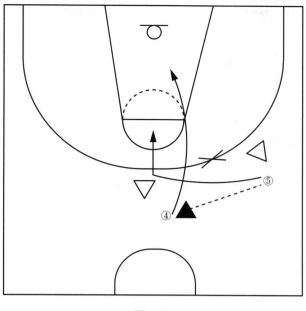

图 6-10

🏀 6.3.4　策应配合

策应配合是进攻队员背对或侧对球篮接球后，与同伴的空切或绕切动作相结合，借以摆脱防守，创造各种进攻机会的一种配合方法。

(1) 配合方法：⑤传球给④后，向底线做切入假动作，然后摆脱△跑到罚球线后接④的传球策应，④传球后摆脱△跑到⑤面前接球跳投或上篮(见图 6-11)。

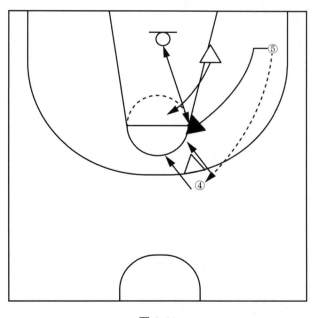

图 6-11

(2) 配合时机：进攻队员背对或侧对球篮时的瞬间。

(3) 配合要求：①策应队员首先要抢占有利的策应位置，保证接球的安全。利用脚步动作调整身体，保持平衡，要观察攻守情况，将球传给切入或有利于进攻的队员投篮；②外线队员应及时、准确地将球传给内线，然后摆脱防守切入，或到有利的位置接球。

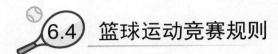

6.4 篮球运动竞赛规则

篮球战术的发展与竞赛规则的发展两者相互促进，随着篮球运动的普及，篮球运动战术的发展在比赛中发现存在这样那样的问题，为了体现公平竞争以及观赏性、比赛流畅性，就必须对竞赛规则进行完善和修改，竞赛规则的完善和修改，又促进了篮球技术和战术的发展。

6.4.1 比赛场地与设备

1. 球场

篮球场是一块长方形的坚实平面、无障碍物的场地，国际篮联举办的正式比赛(奥林匹克运动会、世界篮球锦标赛)，其球场尺寸为长 28 米，宽 15 米，球场的丈量从界线内侧量起。

2. 设备

篮板的尺寸横宽 1.80 米，竖高 1.05 米，篮板下沿距地面 2.90 米，它的中心垂直落在场上，距离端线内沿 1.20 米，篮圈水平面距地面 3.05 米，篮球的圆周不得小于 0.749米，不得大于 0.78 米，重量为 567～650 克。

6.4.2 比赛、暂停、替换

(1) 每场篮球比赛由两个队参加，每队出场 5 名队员。比赛分上、下两个半时，每半时 20 分钟，两半时中间休息 15 分钟，下半时终场时，如两队得分相等，则延续 5 分钟进行决胜期比赛，得分仍相等，再延续 5 分钟，直至分出胜负。

比赛中，除在 3 分投篮区投球中篮得 3 分外，其他位置投篮得 2 分，罚球中篮得 1分。在比赛时间内，得分多的队为胜。

(2) 暂停。每队每半时准许暂停 2 次，每次 1 分钟，每一决胜期准许暂停 1 次。未用过的暂停不准挪到下半时或决胜期内使用。

请求暂停的时机：球成死球并停止比赛计时钟时。对方投篮得分，也可给予一次暂停，但必须在投篮队员球离手前提出。

(3) 替换。替补队员进场前应向记录员报告，并应立即做好比赛的准备。

请求替换的时机：球成死球并停止比赛计时钟时违例后，只有掷界外球的非违例队可要求替换。被允许后，对方也可要求替换。

6.4.3　违例及罚则

违例是违反规则的行为。

罚则：判该队失去球权，由对方队员在违例地点就近的边线或端线外掷界外球。如是干扰球，判进攻方得分，由防守方开端线球。

比赛中常见的违例有带球跑、非法运球、脚踢球、拳击球以及掷界外球违例、3 秒违例、5 秒违例、10 秒违例、30 秒违例、球回后场违例、干扰球等。

6.4.4　犯规及罚则

犯规是违反规则的行为，含有身体接触和不道德的举止。

1. 侵人犯规

侵人犯规是在球进入比赛状态、活球或死球时的队员犯规，含有与对方队员的接触。

罚则：登记犯规队员一次侵人犯规。如被侵犯的队员未做投篮动作，由被侵犯队的队员在犯规地点就近的边线或端线掷界外球继续比赛。如被侵犯的队员在做投篮动作，投中得分有效，再判给一次罚球；如投篮未中，则判给投篮队员两次或三次罚球。

2. 故意犯规

裁判员认为队员蓄意地对持球或不持球的对方队员造成侵人犯规为故意犯规。

罚则：登记犯规队员一次侵人犯规，并判给非犯规队罚球和在记录台对面边线的中点处掷界外球的球权。如对未做投篮动作的队员犯规，则判给两次罚球。如对在做投篮动作的队员犯规，投中有效，再判给一次罚球；如投篮未中，则根据投篮的地点判给两次或三次罚球。无论罚球成功与否，均由罚球队的任一队员在记录台对面边线的中点处掷界外球。

3. 队员技术犯规

有意的、不道德的或违反规定的带来不正当利益的技术性犯规，应立即判罚技术犯规。

罚则：宣布技术犯规后，每次均应登记，并由对方队长指定罚球队员罚球两次。对行为十分恶劣或屡次违反此条规定的队员，应取消其比赛资格并令其退出比赛。

4. 双方犯规

双方队员同时互相犯规为双方犯规。

罚则：登记每个犯规队员一次侵人犯规。由双方犯规队员在就近的圆圈内跳球继续比赛。

5. 队员 5 次犯规

一个队员不论侵人犯规或技术犯规共达 5 次，必须自动退出比赛。

6. 全队 7 次犯规

比赛的每半时，一个队的队员侵人犯规和技术犯规已达 7 次，此后发生的所有队员犯规，均执行两次罚球，除非含有更为严重的罚则。

6.4.5　决胜期

下半时终了得分相等时，应延长 5 分钟作为决胜期继续比赛。必要时可延长几个这样的 5 分钟，直到分出胜负为止。第一个决胜期前，两队应抛币选择球篮，以后每增加一次决胜期，都应互换球篮。每次决胜期前，给予两分钟的休息时间和一次暂停。每次决胜期开始时，应在中圈跳球继续比赛。若下半时某队全队犯规已满 7 次再犯规，由对方执行两次罚球的权利一直延续到决胜期。

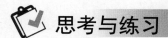 思考与练习

1. 篮球起源于(　　)。
   A. 英国　　　　　　　　　　　B. 美国
   C. 中国　　　　　　　　　　　D. 日本
2. 下列有关篮球比赛的基本规则中错误的是(　　)。
   A. 进攻球队在场上控球时必须在 30 秒内投篮出手
   B. 球队从后场控制球开始，必须在 10 秒内使球进入前场
   C. 无论是侵人犯规还是技术犯规，一名球员犯规满 5 次就必须离开球场，不得再进行比赛
   D. 带球走动属于技术犯规
3. 有关篮球场上的场上位置，下列各项中表述正确的是(　　)。
   A. 得分后卫在 1 号位，控球后卫在 2 号位
   B. 大前锋在 3 号位，小前锋在 4 号位
   C. 中锋在 5 号位
   D. 以上说法全正确
4. 简述篮球的犯规以及罚则。
5. 列举几条篮球的特点和价值。

第7章 足 球

本章导读

　　足球运动是一项以脚支配球为主，两队相互对抗，以踢进球门多少球判定胜负的球类运动。经常参加足球运动能有效地提高身体素质，增强体质，提高人体各器官系统的功能。长期从事足球训练可以培养和锻炼人的勇敢顽强、机智果断、坚韧不拔、勇于克服困难的优良品质和集体主义与团结协作精神。另外，足球场上双方的激烈争夺和比赛局面的变幻莫测能提高参赛者的注意力、观察力、想象力和思维能力，改善心理素质，提高心理健康水平。

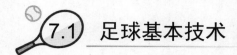

7.1 足球基本技术

足球的基本技术包括踢球、停球、顶球、运球与运球过人、抢截球、假动作、掷界外球、射门和守门员技术等，共 8 种基本技术。

7.1.1 踢球

踢球是指用脚的不同部位将球击向预定的目标。踢球的方法主要有脚内侧踢球、脚背正面踢球、脚背内侧踢球和脚背外侧踢球。

(1) 脚内侧踢球。踢定位球时，正面直线助跑，最后一步稍大，支撑脚踏在球的侧方 10～15 厘米处，足尖正对出球方向，膝关节微屈。与此同时摆动腿以髋关节为轴，大腿带动小腿由后向前摆动，在前摆过程中髋关节、膝关节外展，足尖翘起，脚掌与地面平行，用脚内侧(足弓部位)击球的后中部，在击球的刹那间身体稍前倾，踝关节紧张，足跟前送，两臂配合协调摆动，将球击向预定目标(见图 7-1)。

图 7-1

(2) 脚背正面踢球。踢定位球时，直线助跑，最后一步稍大，支撑脚积极地以脚跟着地，踏在球的侧后方 10～15 厘米处，膝关节微屈，足尖正对出球方向；摆动腿以膝关节为轴，大腿带动小腿屈腿积极向前摆动，当膝盖摆至接近球的垂直上方时，小腿做爆发式的前摆，使膝盖处在球的正上方时用脚背正面击球的后中部。击球时脚面绷直，踝关节紧张，上体稍前倾，两臂配合协调摆动(见图 7-2)。

图 7-2

(3) 脚背内侧踢球。踢定位球时，斜线助跑，助跑方向与出球方向约成 45° 角，支撑脚外侧踏在球的侧后方 25～30 厘米处，膝关节微屈，足尖指向出球方向，身体稍向支撑脚一侧倾斜并转向出球方向(见图 7-3)。

大腿带动小腿积极前摆，当膝盖摆到接近球内侧垂直方向时小腿加速前摆，同时足尖稍外转，脚面绷直，脚趾扣紧，足尖指向斜下方，以脚背内侧击球的后中部。踢球后，踢球腿随球继续前摆、两臂随踢球动作自然摆动(见图 7-3)。

图 7-3

(4) 脚背外侧踢球。踢定位球时，正面直线助跑，最后一步稍大，支撑脚积极地以脚跟着地，踏在球的侧后方 10～15 厘米处，膝关节微屈，足尖正对出球方向；摆动腿以髋关节为轴，大腿带动小腿屈膝积极向前摆动，当膝盖摆到接近球的垂直上方时，小腿加速前摆，同时足尖内转，脚面绷直，脚趾扣紧，足尖指向斜下方，用脚背外侧击球的后中部。踢球后，踢球腿随球向前继续摆动，两臂配合踢球动作协调摆动。

7.1.2　停球

停球是指有目的地用身体的合理部位，将运行中的球停留在所控制的范围之内。常用的停球方法有脚内侧停球、脚底停球、脚背正面停球、脚背外侧停球和胸部停球等。

(1) 脚内侧停球。停地滚球时，身体正对来球方向，支撑脚的脚尖与来球方向一致，膝微屈。停球腿提起屈膝外转并前迎，足尖稍翘起，使足内侧对准来球，当脚与球接触前的一刹那间开始后撤，以缓冲来球的力量，把球停留在便于衔接下一个动作的控制范围内。

停反弹球时，支撑脚跨步落在球落点的侧前方，膝关节微屈，上体稍前倾并转向停球方向。停球脚提起，踝关节放松，脚内侧对准球反弹方向，当球刚弹离地面时，用脚内侧推压球的中上部，将球停留在便于衔接下一个动作的控制范围内(见图 7-4)。

图 7-4

(2) 脚底停球。停地滚球时，身体面对来球方向，当球接近身体前，支撑脚踏在球的侧后方，足尖正对来球，膝关节微屈。停球脚抬起，膝弯曲，脚跟离地低于球，脚尖翘起高于球，当球刚刚接触脚掌时，脚掌即轻轻下压球的中上部，将球停于脚下。停反弹球时，支撑脚踏在球落点的侧后方，膝关节微屈维持身体平衡，停球腿膝关节弯曲，足尖翘起，前脚掌对准球的反弹方向，当球弹离地面的一刹那间，用停球脚的前脚掌触球的后上部并下压，将球停留在脚下(见图7-5)。

①   ②   ③   ④   ⑤

图 7-5

(3) 脚背正面停球。停球前，身体面对来球，支撑腿微屈维持身体平衡。停球腿屈膝抬起，小腿前伸主动迎球，用脚背正面接触球的底部，当脚背触球前的一刹那间，小腿下撤以缓冲来球力量，同时膝关节和踝关节放松，将球停留于体前适当的位置。

(4) 脚背外侧停球。停地滚球时，停球脚稍提起，膝关节和脚内转，用脚背外侧对准来球，在支撑脚的前侧方接触球的侧后方(偏支撑脚一侧)，脚与球接触的刹那间向外侧轻拨，将球停在侧方或侧前方。停反弹球时，面对来球，支撑腿的膝关节微屈，停球脚在支撑脚前方稍提起，脚内翻，使小腿与地面成一定角度，踝关节放松，当球刚反弹离地时，用脚背外侧触球的侧上部，将球停在体侧。

(5) 胸部停球。挺胸停球时，身体正对来球，两脚前后开立，两膝弯曲，上体后仰，重心落在两脚之间，两臂自然张开，微收下颌，当球运行到胸部接触的刹那间，两脚蹬地，胸部上挺、憋气，使球触胸(见图7-6)。

①   ②   ③   ④   ⑤

图 7-6

收胸停球时，身体正对来球，两脚前后开立，两臂自然张开，重心前移，挺胸迎球，当球运行至胸部接触前的刹那间，重心迅速后移，收胸、收腹以缓冲来球力量，将球停于体前(见图7-7)。

图 7-7

7.1.3　顶球

顶球是有目的地运用头的前额部位直接处理空中球的基本技术。正确运用头顶球技术可以争取时间，抢占空间，取得空中优势。在发动与组织进攻时，可直接传递、摆脱或抢点射门；在防守时，它又可以阻截、抢断或门前排险，转守为攻。顶球的准确性取决于头触球的部位和用力方向；而出球力量的大小，则取决于来球的力量、顶球的时间、头触球的部位以及全身的协调用力。

(1) 原地正额顶球。身体正对来球，两脚前后开立，膝关节微屈，上体稍后仰，重心放在后脚上，两臂自然张开，当球运行到身体垂直部位前的刹那间，后脚用力蹬地，上体迅速前摆，身体重心移向前脚，同时收下颌，颈部紧张，用前额正面顶球的后中部，上体随球继续前摆，两眼注视出球方向(见图 7-8)。

图 7-8

(2) 跳起正额顶球。原地双脚起跳前，两腿先屈膝，重心下降，然后，两脚用力蹬地跳起，同时两臂屈肘上摆，在跳起上升过程中，挺胸展腹，两臂自然张开，眼睛注视来球，当跳至接近最高点时，身体成反弓形，待球运行到身体垂直部位前的刹那间，迅速收腹，折体前屈，用前额正面将球顶出，球顶出后两腿屈膝落地。助跑单脚起跳时，可做三五步助跑，最后一步的步幅稍大，有力脚迅速蹬地，另一腿屈膝上摆，两臂屈肘上提，使身体向上腾起，并挺胸展腹，两臂自然张开，身体成反弓形，眼睛注视来球，待球运行到身体垂直部位的刹那间，迅速收腹折体，用前额将球顶出，球顶出后两腿屈膝落地。

7.1.4 运球与运球过人

运球与运球过人是指运动员有目的地用脚的各个部位连续推拨球，使球处于自己控制范围内的触球动作。它是运动员个人控制球能力和个人进攻能力的体现，也是集体战术实力的基础之一。特别是运球过人技术增添了比赛的魅力，丰富了战术的内容，发挥了个人的技能。在比赛中，我们要鼓励运动员勇于逼近对手运球过人的行动。

(1) 脚内侧运球。运球时，支撑脚向前跨，踏在球的侧前方，膝关节稍弯曲，上体前倾向里转。随着身体向前移动，运球脚提起，在落地之前，用脚内侧推球的后中部，在改变方向运球时，经常用两只脚交替拨球。

(2) 脚背外侧运球。运球时，支撑脚保持在球的侧后方，运球脚抬起时，脚跟提起，足尖稍内转，迈步前伸落地，用脚背外侧推拨球。向前跑动时身体自然放松，上体稍前倾，两臂自然摆动。

(3) 脚背正面运球。运球时，身体正对运球方向，运球脚提起时，膝弯曲，脚跟提起，足尖下指，迈步前伸落地，用脚背正面推拨球的后中部，向前跑动时身体自然放松，上体稍前倾，两臂自然摆动。

7.1.5 抢截球

抢截是占据有利位置，封堵球的去路或阻挠对手自由地运动，它是运用身体的不同部位所做的合理动作，以减慢对方推进速度，把对手控制的球夺过来或者破坏掉的一项基本技术。抢截球是防守中的主动行为，也是转守为攻的积极手段。抢截球包括抢球和截球两项内容。

(1) 正面跨步抢球。抢球前迅速靠近对方，做好抢球的准备，两脚前后开立，两膝微屈，重心下降，体稍前倾，面向对手，在对手运球脚触球后即将着地或刚着地时，支撑脚立即用力后蹬，抢球脚疾步跨出，膝关节弯曲，踝关节保持紧张，脚内侧正对球，触球后用力提拉，使球从对方脚背滚过，同时身体重心迅速跟上，把球控制好，若离球稍远抢不到球时，可用脚尖捅抢。

(2) 侧面抢球。与运球者平行跑动，待对方远离自己身体一侧的脚落地时，利用合理冲撞动作，使其失去平衡而离开球，乘机将球控制起来。在冲撞时要降低身体重心，靠近对方一侧的手臂要紧贴身体。

(3) 正面倒地铲球。两脚前后开立，两膝弯曲，身体重心下降并放在两脚间，面向对手，在对方运球脚触球后即将着地或刚着地时，一脚立即用力后蹬，另一脚沿地面向前滑铲，同时上体侧转后仰倒地，蹬地面成弧形扫踢球，将球留下或破坏掉，铲球后屈肘用手扶地或接着侧滚。

(4) 侧后铲球。同侧脚铲球时，在运球者侧后跑动，当对方拨出球的一刹那间，后脚用力后蹬成跨步，上体后仰，前脚(同侧脚)以脚外侧沿地面向外侧滑出，用脚背或脚尖将球踢出或捅出，接着小腿外侧、大腿外侧和臂部依次着地。

异侧脚铲球时，当运球者拨出球的刹那间，抢球者同侧脚(后脚)用力后蹬成跨步，上体后仰，异侧脚前伸，以脚外侧沿地面向前内侧滑出，用脚掌蹬球，接着小腿、大腿、臂部依次着地(见图7-9)。

图 7-9

(5) 截球。截球是指比赛中两名队员传球时，对方队员使用踢球、顶球、铲球或停球等技术动作把球断下来或破坏掉。它根据临场需要选择使用某种动作，对于对方的传球、射门等截球时，需要用踢球、顶球或铲球等动作来完成；而对于使球处于自己控制之下的截球，则需要用停球动作来完成。

7.1.6 掷界外球

掷界外球是指按照规则的规定和要求，有目的地用双手将球从场外掷入场内，使比赛继续进行的动作技术。同时它又是一次很好地组织进攻的机会，尤其在对方罚球区附近掷界外球，其威胁更大。若不能很好地掌握这项技术，在掷球时因错误动作而造成违例，便会失去一次绝好的进攻机会。因此，运动员必须熟练掌握掷界外球技术。

(1) 原地掷界外球。面对出球方向，两脚前后或左右开立，两膝微屈，上体后仰成背弓形，重心移到后脚上(左右开立时，重心在两脚间)，两手指自然张开，拇指相对，持球侧后部，屈肘将球举至头后，当球摆至头上时用力甩腕，掷球时后脚(或两脚)可沿地面滑动，但两脚均不得离地(见图7-10)。

图 7-10

(2) 助跑掷界外球。助跑要自然协调，速度快慢由掷球远近而定，助跑时两手持球于胸前，在迈出最后一步时，上体后仰成背弓形，同时将球举至头后，掷球时用力蹬地，迅速摆体、收腹、挥臂，当球摆至头上方时，用力甩腕，用甩腕和手指的力量将球掷出。

7.1.7 射门

射门是指进攻到对方门前时，运用不同的脚法(或头顶法)将球踢(或顶)向对方的大门。射门是得分的主要手段，而破门则是比赛的最终目的。但是，射门常常是在与对手激烈的竞争中进行，需要摆脱对方的阻截、冲撞甚至一些不符合规则的粗野动作，这就要求进攻者技术全面、动作快速、真假结合、起脚突然、准确有力和良好的射门意识，这样才能抓住战机、破门得分。

射门时运用的各种脚法或头顶球的动作本章前已叙述，掌握好射门技术的关键是起脚时机、脚法正确、准确有力。

7.1.8 守门员技术

守门员技术是守门员在比赛中所采取的有效防御动作技术及在接球后所运用的有助于本队进攻的动作技术。

守门员是全队的最后一道防线，他的主要任务是不让球射入本方球门。除要求守门员要沉着冷静，具有顽强的意志，快速敏捷的反应能力和熟练的守门技术外，还要善于观察全局，随时注意攻守发展情况，扩大自己的罚球区的活动范围，尽早截获来球，起到协助指挥全队防守和进攻的作用。

(1) 位置选择。位置的选择应根据射门地点和射门角度来决定。一般应站在射门时球至两门柱所形成的分角线上，为了扩大防守面，可根据射门距离适当前移。

(2) 准备姿势。两脚左右开立与肩同宽，两腿自然弯曲，膝稍内扣，脚跟提起，重心落在前脚掌上，上体稍前倾，两臂自然弯曲，手指张开，掌心向下，两眼注视来球。

(3) 移动。侧滑步移动时，先用左(右)脚用力蹬地，右(左)脚稍离地并向右(左)滑步，左(右)脚快速跟进，使身体正对来球。

交叉步移动时，身体先向右(左)倾斜，同时左(右)脚用力蹬地并快速向右(左)前方跨出一步成为交叉步，然后右(左)脚向右(左)侧移动，左(右)脚和右(左)脚依次快速移动，并蹬地跃起。

(4) 接球。

① 接地滚球：直腿式接球时，两腿左右分开约一拳，足尖正对来球，上体前屈，两臂并肘前迎，两手小指靠近，手掌对着球。当手触球的刹那间随球后引并屈肘、屈腕、两臂靠近，将球抱于胸前。

单腿跪撑式接球时，身体正对来球，两脚稍前后开立，一腿弯曲支撑身体重心，另一腿内转跪撑，小腿内侧接近地面，膝盖靠近前脚脚踝，上体前屈，两臂下垂，两手小指相对，手掌对准来球前迎，当手触球的刹那间，两臂靠近随球后引，屈肘、屈腕将球抱于胸前(见图7-11)。

①　　　　②　　　　③

图 7-11

② 接平直球：身体正对来球，两脚左右开立，两臂微屈前伸，手指张开，拇指相对。手掌对准来球，当手触球时，两臂顺势后引，转腕将球抱于胸前。

③ 接高球：两臂上伸迎球，手指张开，拇指相对成八字形，当球触手时，两臂顺势屈肘后引，转腕将球抱于胸前(见图 7-12)。

图 7-12

(5) 扑球。倒地扑侧面球时，右(左)脚迅速蹬地，左(右)腿膝向左(右)跨出一步，脚着地后，接着以小腿、大腿、臀部、上体和手臂的侧面依次着地，同时两臂向前伸出，左(右)手掌正对来球，另一只手在其上方，两手腕稍向内屈，触球后把球收回胸前，然后站起(见图 7-13)。

图 7-13

鱼跃扑侧面地滚球时，两膝弯曲，重心下降，在身体向扑球方向侧倒的同时，同侧脚用力蹬地跃出，并使身体展开，两臂快速伸出，两手指展开，手掌对球，向球扑去，以两手按球，前臂、肘、肩部、上体、臀部、大腿、小腿侧面依次着地，并以屈肘、扣腕的连续动作将球抱于胸前，同时屈膝团身，站起。

(6) 拳击球和托球。当遇到迅疾而有力的高球，球门附近又比较混乱时，守门员没有把握将球接稳，或者有对方猛烈的冲撞，为了避免接球脱手，常采用拳击球和托球的方法把球处理掉。

单拳击球时，屈肘握拳于肩前，身体跳起接近来球，在击球前的刹那间，快速出拳，以拳面将球击向预定目标。

双拳击球时，两臂屈肘握拳于胸前，两拳靠拢，拳心相对，当跳起接近最高点至触球的一刹那间，两拳同时快速击出，以拳面将球击向预定目标。

托球时，跳起后全身伸展成背弓形，一臂快速上伸，掌心向上，用手掌前部或手指用力将球向后上方托起，使球越过门梁。

(7) 掷球。单手肩上掷球时，两脚前后开立，两膝弯曲，单手持球屈臂于肩上，持球手臂后引，同时身体侧转，重心移到后脚上，利用后脚蹬地、转体和挥臂甩腕的力量将球掷向预定目标。

单手低手掷球时，两脚前后开立，两膝弯曲，单手持球于体侧，持球手臂后引，手腕前屈，同时身体侧转成侧前屈，重心移到后脚上，利用后脚蹬地、向前摆臂、展腕和手指拨球的力量将球掷向预定目标。

勾手掷球时，两脚前后开立，身体侧对出球方向，单手持球后引，臂微屈，同时重心移到后脚上，接着后脚用力蹬地，转体，重心移向前脚，持球手臂由后经体侧沿弧线摆至肩上时，手指和手腕用力将球掷向预定目标。

(8) 抛踢球。抛踢球是守门员将所获得的球，直接踢自抛的下落球或踢自抛的反弹球传给同队队员的踢球方法，这两种踢球技术与脚背正面踢球基本相同，但由于要求踢得更远，故脚触球的部位一般为球的后下部。

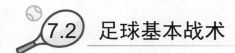

7.2 足球基本战术

足球比赛是由攻守这一矛盾所组成的，因此足球战术可以分为进攻和防守两大系统。在进攻和防守战术中都包含着个人和集体战术，又可分为个人战术、局部战术、全队战术、定位球战术和防守战术。

7.2.1 个人战术

(1) 摆脱与跑位。摆脱：摆脱对手紧逼可以采用突然起动、冲刺跑、急停、突然变向、变速和假动作等方法。跑位：就是有目的的跑位，跑向有利位置或空当。

(2) 运球过人。运球过人是进攻战术中一种极为重要的个人战术，是调动、扰乱对方防线，造成以多打少、觅得传球空当，突破密集防守、获得射门机会的有效手段。

7.2.2 局部战术

两三人的传球配合是集体配合的基础，在任何场区都可能出现。在进攻时，二人之间的传切配合有直传斜插二过一，回传反切等；在防守时有二至三人的保护、补位、围抢等。

7.2.3 全队战术

整体战术是由个人战术及局部战术所组成的，整体性战术的具体打法千变万化，大致可将其归纳为两类，即边路进攻和中路进攻。一次完整的进攻都由发动、发展和结束三个阶段组成。

发动阶段：可有两种方式发动进攻。一种是快速反击，另一种是逐步推进。

发展阶段：一般指中场附近到对方罚球区附近的进攻，通过中场要快，即是说发展阶段不要过多地横、回传。通过前方队员的交叉跑动而出现空当时，应立即将球传向空位，或自己快速运球突破，把球推向对方门前。

结束阶段：一般指在对方球门 30 米左右的进攻，该阶段的进攻拼抢激烈，防守人数

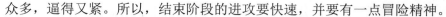

众多，逼得又紧。所以，结束阶段的进攻要快速，并要有一点冒险精神。

(1) 边路进攻。在对方半场两侧地区发展的进攻称边路进攻。一般是快速下底传中或回扣传中，中间包抄射门或跟进射门。

(2) 中路进攻。在对方半场中间地带发展的进攻称中路进攻。罚球区外的远射是攻破密集防守的最好方法。

7.2.4　定位球战术

踢定位球在实战中是常遇到的。有时一场比赛的胜负往往决定于定位球战术运用得如何，因此在日常训练中，对定位球的战术要加强练习。

(1) 定位球的进攻战术。定位球可分为角球、球门球、点球、直接任意球、间接任意球、中圈开球、掷界外球等。进攻战术有下述几种。

① 直接射门：罚直接任意球时，如距球门较近，防守组织的"人墙"有漏洞或守门员位置不当，可采用直接射门战术。

② 配合射门：踢球队员把球传过人墙，同队队员快速插上射门。

(2) 定位球的防守战术。防守一方对攻方的定位球战术必须有很好的了解，并能相应地运用一整套的防守战术和方法。一般"人墙"由 2～6 人组成，"人墙"可封堵距球门较近的一侧，"人墙"要听守门员的指挥，其他防守队员，有的人盯人，有的守区域，他们都不能站在"人墙"线的后面，因为这时的"人墙"线就是限制进攻队员的越位线。

7.2.5　防守战术

1. 选位与盯人是防守战术中的重要内容

(1) 选位是指防守队员在防守时选择占据合理的防守位置。防守队员的位置一般应处于对手与本方球门中心所构成的一条直线上。在回防过程中，防守队员应根据自己的防守范围与对手情况，迅速选择有利位置，并朝着本方球门退却收缩，以便封锁对方进攻路线。

(2) 盯人是指防守队员在防范与限制进攻队员时所采取的行动。一般情况下，对有球队员及其附近队员应采用紧逼盯人战术，贴近对手，不给对手从容得球与处理球的机会；对离球远的对手可采用松动盯人的战术。

2. 保护与补位、围抢等是局部防守配合的关键

(1) 保护是指在同伴紧逼控球队员时，自己选择有利位置来保护同伴，防止对手突破的配合行动。保护是补位的前提，没有保护也就不可能做到有效的补位防守。在防守中，积极主动地逼抢控球队员是十分重要的，因此，防守队员之间必须进行相互保护。当距球较近的同伴逼抢对手时，临近的队员应撤到同伴的侧后方进行保护，对手一旦越过同伴的防守，便可随时补位。

(2) 补位是防守队员之间互相协作防守的一种方法。

补位类型有两种：一种是补空位，如边后卫插上进攻时，有一同伴应暂时补他的位置，以防在插上进攻失误时，对方利用这一空当进行反击；另一种是相互补位，即交换防守，相互补位一般都是临近的两个同伴之间互相交换防守，这样能减少漏洞。

(3) 围抢是指几个防守队员同时围堵对方控球队员的防守配合动作。围抢的出现与运用是现代足球比赛的显著特点。在防守中除提高个人防守能力外，可增加局部地区的人数，以多防少进行围抢来提高防守效果。

3. 全队防守战术的形式主要有人盯人防守、区域盯人防守和综合防守

(1) 人盯人防守，是指由攻转守时，每个防守队员盯住对方一个相应的对手，封锁对方的进攻活动，不给对手任意活动及传球或控球的机会。这种防守方法虽然积极，但是如果防守队员不能看住自己的对手，就会使防线出现很大漏洞，同时消耗体力较大。因此，在比赛中单纯采用人盯人防守方法的比较少。

(2) 区域盯人防守，是由攻转守时，根据场上队员位置的分布，每个防守队员防守一个区域，在对方某一队员跑入本区时，就用盯人的方法积极防守限制对方的进攻。这种防守方法虽然节省体力，但缺点是对方可以任意交叉换位或传接球，造成局部地区以少防多的被动局面。目前这种比较消极的防守方法在比赛中已很少采用。

(3) 综合防守，就是把人盯人和区域盯人防守结合起来。有的队员进行区域盯人，有的队员进行对号盯人；或者在有的区域进行盯人防守，有的区域采取区域盯人防守战术。

🎯 7.2.6 比赛阵型

比赛阵型是根据主客观情况，结合本队的特点，有针对性地安排场上的比赛位置和任务。如果一个队员掌握了多种比赛阵型的变化，并敢于在比赛中充分地应用，那么他将是一个最危险的对手。

(1) "WM" 阵型。它的实质在于队员比较平均地分布在场地上，其中有 3 名后卫、两名前卫和 5 名前锋。每个队员都有固定的防守对象：边后卫防守对方边锋，中后卫防守对方中锋，前卫防守对方内锋。后来有的队采取前锋交叉换位的战术，这样大大削弱了对方的防守效果，因而极大地活跃了进攻队的战术配合活动。此阵型在 20 世纪三四十年代被世界各国广为应用。

(2) "424" 阵型。该阵型的特点在于以两个中后卫为核心组成人数较多的密集防守线，同时又组成两个中锋、两个边锋的进攻线，因而进攻线得到了加强。除此之外，由于边后卫频繁地插上助攻，更加重了对方防守的困难。

(3) "433" 阵型。该阵型中有 4 个后卫 3 个前卫，在防守中可以形成多种形式的战术配合。3 个前锋担负进攻的任务。特别是中场的 3 个前卫能够密切地与前锋和后卫协同配合，进行交叉换位，因而这种阵型隐藏着极大的进攻突然性。有时拖后的前卫会突然出现在前锋位置上，给予对方防守线出其不意的打击。

(4) "442" 阵型。这种比赛阵型的最大特点是牢固地控制了中场的主动权，极大地增强了防守线的力量。同时，由于中场队员和边后卫大范围的穿插配合，为进攻创造了有利的条件。这种比赛阵型适用于那些技术战术全面的队员，特别是掌握了灵活换位方法的队员运用。

近几年，世界足球还出现了 4 条线，或者 5 条线，甚至更多条战线的比赛阵型。

7.2.7 足球运动战术配合要求

无论是整体配合还是三两人的区域进攻配合，都要具备以下 3 个条件。

(1) 配合的时机要恰到好处。

(2) 技术的合理运用要正确。

(3) 配合结束时要求人到位球到位。

7.2.8 足球运动战术练习中应注意的问题

各种技术的合理应用包含着丰富的战术内容，因此，战术训练要密切结合技术的练习，练习技术时也要密切联系战术的实际需要，这样才能在比赛中运用自如。

1. 进攻原则

(1) 制造宽度。

(2) 加大深度。

(3) 机动灵活。

(4) 应变能力。

2. 防守原则

(1) 延缓对方的进攻。

(2) 保持平衡。

(3) 收缩。

(4) 控制。

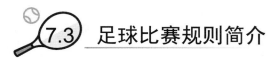

7.3 足球比赛规则简介

足球比赛规则由国际足球协会理事会(IFAB)制定并修改，是正规足球比赛所必须遵守的规则。

7.3.1 比赛场地

足球比赛场地必须是长方形的场地，在场地中设有宽度不超过 12 厘米的各种标准线，球场总长度不得大于 120 米或小于 90 米，总宽度不得大于 90 米或小于 45 米，国际足联规定世界杯决赛阶段的比赛场地长度为 105 米、宽度为 68 米。国内基层比赛的场地可因地制宜。但在任何条件下，球场的长度必须大于宽度。场地各区域的面积不得变更。

7.3.2 比赛用球

球体要圆，球的圆周为 68～71 厘米，重量为 396～453 克，充气后的压力等于 0.6～1.1 个大气压。

比赛用球应准备两个，如果在比赛中球爆破或漏气，比赛应暂停，待换新球后，在暂停时球所在地点用坠球方法恢复比赛。

7.3.3　队员及其装备

(1) 比赛时，每队上场不得超过 11 人，其中必须有 1 人为守门员。在比赛开始或比赛进行中如果某队队员不足 7 人时，比赛不能进行。

(2) 队员因伤或其他原因可以换人，正式比赛只限 3 人替补场上队员。

(3) 守门员可与场上队员互换位置，但必须事先通知裁判员，并应在比赛成死球时进行。

(4) 替补队员必须在成死球时，经裁判员允许方可进场。

(5) 队员在比赛中不得擅自离场，否则为不正当行为，裁判员应给予警告。

7.3.4　比赛时间与比赛开始

(1) 正式比赛时间为 90 分钟。分为上、下半时各 45 分钟，中间休息 10 分钟。

(2) 凡竞赛规程规定要决出胜负的比赛，90 分钟踢成平局，要加时 30 分钟，在加时赛前休息 10 分钟，并重新选择场地，决胜期时间分上、下各 15 分钟，中间换场地不休息。决胜期的比赛，先进球的一方胜，比赛结束。如双方都未进球，要以罚点球决出胜负。

(3) 开球不能直接射门得分。

(4) 除罚"点球"外，比赛时间终了，均应立即鸣哨结束比赛。

7.3.5　球在比赛中及死球

(1) 当球的整体从地面或空中全部越出边线或端线，为球出界，即为死球。

(2) 比赛进行中裁判员鸣哨即为死球。

7.3.6　计分方法

球的整体从两门柱中间、横木下面由空中或地面越过球门线外沿的垂直面，为胜一球。

7.3.7　任意球

任意球分直接任意球和间接任意球两种。直接任意球又称"一脚球"，直接射入对方球门为胜一球。间接任意球又称"两脚球"直接射入球门无效，只有再触及其他队员而进入球门者方为有效。

罚任意球时，被罚队必须退出距球 9.15 米范围以外，如果罚球地点距球门不足 9.15 米时，允许防守队员站在球门线上。

7.3.8　罚点球

(1) 执行罚点球时，在球被踢出前，守门员的两脚必须站在球门线上，不得移动。否则，球未踢进，则重罚。

(2) 罚点球时，双方队员都应站在禁区外，裁判员鸣哨后，主罚队员方可射门。

7.3.9 掷界外球

(1) 球越出边线时，由出界前最后触球队员的对方在球出界处掷界外球。掷界外球时，可将球掷向场内任何方向。

(2) 掷界外球的规定是双手持球置于头后方，面向场内两手同时用力不间断地从头后经头顶用一个完整动作将球掷入场内。

(3) 掷界外球不能直接得分。

(4) 界外球掷入场内，未经其他队员触及前，掷球队员不得再触球。

7.3.10 球门球

(1) 队员将球踢出对方端线，由对方踢球门球。

(2) 踢球门球时，必须直接把球踢出罚球区，才算进入比赛。

(3) 踢球门球直接射入对方球门不能得分。

7.3.11 角球

当球被防守队员踢出本方端线，由对方踢角球。踢角球时，不得移动旗杆，必须将球放在角球区内执行。踢角球可以直接射门得分。

7.3.12 越位的规则

(1) 队员较球更近于对方端线者，即处于越位位置。下列情况除外。

① 该队员在本方半场内；

② 至少有两名防守队员较其更接近对方端线。

(2) 队员在传球的一刹那间，其同队队员处于越位位置，裁判员认为该队员有下列行为者，应判为越位。

① 干扰比赛或干扰对方；

② 企图从越位位置获得利益。

(3) 下列行为，不应判为越位。

① 仅仅是处在越位位置；

② 直接接得球门球、角球、掷界外球或裁判员坠落地的球。

(4) 队员被判罚越位，应该由对方队员在越位犯规地点踢间接任意球。

根据国际足联最新规定，守门员除外，进攻队员和防守队的最后一名队员平行时，不算越位。判罚越位的时间，不是在进攻队员接球的一刹那间，而是在进攻队员传球的一刹那间。

7.3.13 犯规与不正当行为

(1) 判罚直接任意球和"点球"。队员故意违反下列九项规定中的任何一项，由对方罚直接任意球。防守队员在本方罚球区内违反其中任何一项规定者，应被判罚"点球"：

① 踢或企图踢对方队员；

② 绊摔对方队员；

③ 跳起冲撞对方队员；

④ 猛烈或带有危险性地冲撞对方队员；

⑤ 从背后冲撞对方队员；

⑥ 打或企图打对方队员，或向对方队员吐唾沫；

⑦ 拉扯对方队员；

⑧ 推对方队员；

⑨ 用手或臂部携带球或击球。

(2) 间接任意球。队员违反下列任何一项规定，由对方队员在规定地点罚间接任意球。

① 裁判员认为其动作有危险者；

② 队员用肩部做合理冲撞，但目的不在抢球，而球又不在其控制范围以内者；

③ 队员不踢球，故意阻挡对方队员者；

④ 冲撞守门员者；

⑤ 守门员在本方罚球区内违例。

A. 守门员持球行走 4 步以上，未将球发出；

B. 守门员虽在行走 4 步以内将球发出，但在球未经其他队员触及前，再次用手触球(守门员在行走 4 步以内不能两次用手拿球)；

C. 裁判员认为守门员持球时间过长，或有意延误时间以使本队获得利益；

D. 守门员不能用手接同队队员用脚传的回传球。

(3) 处罚。

① 比赛中有下列情形，运动员应被给予警告：

A. 比赛开始后，未经裁判员允许进场或离场；

B. 连续违反规则；

C. 用语言或行动对裁判员的判决表示不满；

D. 有不正当行为。

② 比赛中有下列情况，运动员应被黄牌警告：

A. 不服从裁判的判罚；

B. 有对裁判的判罚表示不满的手势或举动；

C. 抗议或干扰裁判员执行判罚；

D. 把球从裁判员规定的位置踢走；

E. 故意把球踢(掷)走，表示抗议裁判员的判罚；

F. 煽动队员进行粗野的比赛行为者；

G. 挑动群众对裁判员不满，给裁判员施加压力者；

H. 用语言或行动侮辱对方队员或工作人员；

I. 故意延误时间；

J. 罚任意球时故意不退出 9.15 米；

K. 跳跃、移动、正面阻挡守门员发球；

L. 比赛中任意移动角旗；

M. 大声叫喊威胁对方；

N. 故意用手接、拍球破坏对方进攻者；

O. 对已经切入直接威胁对方球门的攻守队员实行犯规战术者。

③ 在比赛中，有下列情形，运动员应被罚出场：

A. 犯有暴力行为；

B. 严重犯规者；

C. 经黄牌警告后，犯规又被第二次黄牌警告者。

7.3.14　胜球得分

(1) 球的整体从两门柱中间、横木下面越过球门线外沿的垂直面，即为胜一球。

(2) 球是否进入球门，是根据球的位置来决定的，不以守门员接球时所站的位置为依据。

(3) 守门员在本方罚球区将球掷入对方球门，算胜一球。

思考与练习

1. 古代足球起源于(　　)。

　　A. 英国　　　　　　　　B. 埃及　　　　　　　　C. 中国

2. 1857 年(　　)成立了第一个足球俱乐部。

　　A. 意大利　　　　　　　B. 法国　　　　　　　　C. 英国

3. 中国足球协会成立于(　　)。

　　A. 1950 年 1 月 3 日　　B. 1952 年 1 月 3 日　　C. 1955 年 1 月 3 日

4. 简述守门员在球队中的作用。

5. 足球的计分方法是什么？

6. 简述足球的比赛阵型。

第8章 排　球

 **本章导读**

　　排球运动起源于美国。1895 年，由美国马萨诸塞州霍利约克市的威廉姆·G. 摩根发明；1900 年左右，排球自美国传入加拿大。1905 年，排球传入古巴、巴西、中国等国家，成为当时风靡美洲的一项时尚运动。1949 年，首届世界男子排球锦标赛在捷克斯洛伐克的布拉格举办。

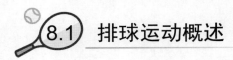

8.1 排球运动概述

排球(volleyball)是球类运动项目之一，球场长方形，中间隔有高网，比赛双方(每方 6 人)各占球场的一方，球员用手把球从网上空打来打去。排球运动使用的球，用羊皮或人造革做壳，橡胶做胆，大小和足球相似。

排球是以两队对抗，每队 6 人分两排站位，以中间球网为界，用手击球过网以决胜负的一项球类运动。排球运动既可在特定的球场进行练习或比赛，也可作为男女老少一起用手托球、击球的游戏，作为竞赛项目，它的对抗性、技巧性、集体性都很强。

参加排球运动，能促进人体各器官、系统的正常发育，使身体得到匀称的发展；使人动作灵活，反应敏捷，增强弹跳力；能培养勇敢、坚毅、机智、果断和集体主义等优良品质。

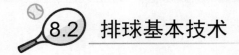

8.2 排球基本技术

排球技术是排球运动在比赛中运用符合规则规定的攻防动作的总称。排球基本技术可分为准备姿势和移动、发球、传球等。基本战术包括接发球站位和进攻等。

8.2.1 准备姿势

准备姿势是排球运动技术名词，是各项技术的基础。为了及时起动、快速移动，以便在合理位置上完成各项技术动作，达到战术目的，要求运动员必须思想高度集中，身体处于最合适的移动和防守状态之中。

准备姿势包括下述几种。

(1) 半蹲准备姿势：半蹲准备姿势是准备姿势中最基本的一种。

两脚左右开立比肩宽，稍分前后或平行站立。脚尖朝前并稍内收，脚跟稍提起，身体重心放在脚掌上，膝关节保持一定的弯曲程度。上体前倾，重心靠前，以利于向前及前斜方移动和接起较低的来球。两臂放松，两肘自然弯曲并下垂，双手置于腹前。全身适当放松，处于灵活状态，并根据球场变化随时调整身体的位置、方向和重心(见图 8-1)。

图 8-1

(2) 移动：移动的目的是及时接好球，保持好人与球的位置关系，以便于击球。移动的常用步法有以下几种。

① 并步与滑步。当球距身体一步左右时可采用并步移动姿势。移动时，如向前移

动，前脚向来球方向跨出一步，后脚蹬地跟上。当来球稍远，并步不能接近球时，可用快速的连续并步。连续并步称为滑步。

② 交叉步。当来球在体侧 3 米左右时，可采用交叉步移动。交叉步的特点是动作快，步子大，便于制动。采用向右侧交叉步时，上体应稍向右倾，左脚从右脚前面交叉迈出一步，然后右脚向右跨出一大步，同时身体转向来球方向，保持击球前的姿势。另外，移动还有跑步、跨步、跨跳步等步法。

8.2.2 发球

(1) 正面下手发球(以右手为例)。

① 准备姿势：面对球网，两脚前后开立，左脚在前，右脚在后，两膝微屈，上体前倾，左手持球置于腹前，右臂自然下垂，两眼注视球。

② 抛球：左手的球在体前右侧抛起，离手 20～30 厘米，同时右臂后摆。

③ 击球：右脚蹬地，身体重心前移，右臂伸直，以肩为轴，向前摆到腹前以虎口、掌根或手掌击球的后下部。身体随击球动作重心前移，迅速入场(见图 8-2)。

图 8-2

(2) 正面上手发球(以右手为例)。

① 准备姿势：面对球网，右脚在后，左脚在前，自然开立，手臂弯曲，左手托球于身前。

② 抛球：抬左臂同时手臂平托球上送，将球平稳地垂直抛向右肩上方，高度适中。

③ 挥臂击球：在左手抛球的同时，右臂抬起，屈肘后弓，肘与肩平，上体稍向右转，同时抬头、挺胸、展腹，身体重心移至左脚。利用蹬地收腹，并以腰带肩，以肩带臂，以臂带腕，在右肩上方伸直手臂的最高点，用全掌击球的下中部。击球时手掌要自然张开与球吻合，为了更好地控制球，手腕要迅速、主动地做推压动作，使击出的球呈前旋飞行(见图 8-3)。击球后随重心前移，迅速入场。

图 8-3

8.2.3 传球

传球是排球的基本技术之一。由于利用全身协调力量并通过手指手腕的动作来传球，容易掌握击球的方向、落点，所以准确性较高，主要用于衔接防守与进攻。

传球有正面双手传球、背传、侧传、跳传和单手传球……其中，正面双手传球运用最广泛，也是最基本的方法。

正面双手传球。

传球前必须及时移动到适当位置，保持好人与球的合适位置。

(1) 准备姿势：稍蹲，身体站稳，上体适当挺起，抬头看球，双肘弯曲，自然抬起，两手置于脸前(见图 8-4①)。

(2) 手型：当手触球时，两手应自然张开成半球形，使手指与球吻合，手腕稍后仰，以拇指、食指和中指托住球的后下部，手指手腕保持适当紧张，由两手的拇指、食指组成"△"形(见图 8-4②)，以承担来球的主要力量。传球时用拇指的内侧，食指的全部，中指的二、三指节触球(见图 8-4③)，无名指或小指在球的两侧辅助控制球的方向，两肘适当分开，以保证正确手型。

图 8-4

(3) 迎球：当来球接近额前时，开始蹬地、伸膝、从脸前向前上方迎球(见图 8-5)。伸臂，两手微张。

图 8-5

(4) 击球：击球点保持在额前上方约一球距离处，击球部位一般在球的后下方。在手触球之前，肘关节应保持一定的弯曲度，以便击球时伸臂用力。

(5) 用力：传球的力量主要是靠伸臂的力量，加上蹬地的力量，通过球压在手上使手指手腕所产生的反弹力将球传出。传球时要根据来球力量的大小和传球距离的远近，适当地控制伸臂的速度和手指手腕的紧张程度，并有意识地运用手指手腕动作来缓冲来球的压力，达到控制球的目的。

8.2.4 垫球

垫球是用小臂从球的下部，利用来球的反弹力向上击球的技术动作。它在比赛中运用于接发球、接扣球和接拦回球，有时也用来处理球。它是排球基本技术之一。

正面双手垫球。

(1) 准备姿势：正对来球成半蹲准备姿势。

(2) 手型：垫球时的手型可分为两种。一种是两手手指重叠，掌根紧靠，合掌互握，两拇指朝前(见图 8-6①)；另一种是两手抱拳互握，两拇指平行朝前(见图 8-6②)，两臂自然伸直，手腕下压，手腕关节以上的前臂形成一个垫击的平面(见图 8-6③)。

(3) 击球：两臂夹紧，前伸，插到球下。用前臂腕关节以上 10 厘米左右，桡骨的内侧平面迎击来球。击球点保持在腹前(见图 8-7)。

图 8-6   图 8-7

(4) 垫击用力：对于速度、力量一般的来球，击球主要靠手臂上抬的力量，同时配合蹬地、伸臂、伸膝、伸髋提肩的动作，使身体重心向前上方移动。击球前整个手臂适当放松，便于灵活地控制垫球的力量和方向。对力量大、速度快的来球，应采用半蹲或低蹲姿势，并采用收腹、含胸的动作帮助手臂随球屈肘后撤，做到适当放松，以便缓冲来球力量。一般来说，垫球力量的大小与来球力量成反比，与垫出的距离远近、弧度高低成正比。

双手垫球要领可以概括为降低重心，移动到位，两臂前伸，插到球下；夹——含胸收肩，两臂夹紧，前臂击球，同时压腕；抬——蹬腿提肩抬臂，重心跟球上前，腰要紧跟。

8.2.5 扣球

扣球是排球比赛中得分的主要手段，是排球的基本技术之一。

正面扣球技术动作(以右手为例)。

(1) 准备姿势：扣球助跑前采用稍蹲姿势，两臂自然下垂，站立在距球网 3 米左右，观察来球的方向及弧度，做好向各个方向助跑起跳的准备。

(2) 助跑：助跑的目的是接近球，选择起跳点和增加弹跳高度。一般常采用两步助跑。助跑时，身体的重心先前移，随之左脚向前迈出一步，右脚迅速向前跨出一大步，并用脚跟过渡到全脚掌着地，左脚及时并上，踏在右脚之前，两脚与肩同宽，身体重心随之下降，两膝弯曲。当右脚脚跟着地时，手臂在后面处于最高位置，准备起跳时的摆动。

由于二传队员所传的各种球的落点不同，所以扣球队员必须选择不同的助跑路线。但不论助跑路线怎样，助跑的第一步都要小一些，使身体获得加速度，第二步要大一些，便于起跳时制动，增加弹跳力。

(3) 起跳：起跳的目的不仅是获得高度，还要掌握扣球时机和选择适当的击球位置。助跑最后一步当左脚落地的同时，后引的两臂应经体侧由下向前摆动。随着双脚蹬地伸膝的同时，两臂要有力地屈肘上摆，帮助身体重心向上升起。

(4) 空中击球：起跳后，要挺胸展腹，上体稍向右转，右臂向后上方抬起，身体成反弓形。挥臂时，以迅速转体、收腹动作发力，并依次带动肩、肘、腕各部位关节成鞭甩动作向前上方挥动。击球时，五指微张成勺形，以全掌包满球，掌心为击球中心，击球的后中部，并主动用力屈腕屈指向前甩腕，使击出的球强烈地前旋。击球点应保持在起跳后手臂伸直点的前面(见图8-8)。

图 8-8

(5) 落地：落地时，应以前脚掌先着地再过渡到全脚掌着地，并迅速屈膝收腹以缓冲下落力量，同时迅速做好下一个动作的准备。

8.2.6 拦网

拦网是在球网的附近，高于球网上沿，阻挡对方击过来的球，是排球基本技术之一。

(1) 准备姿势：队员面对球网，两脚平行开立，约与肩同宽，距球网 30～40 厘米。两膝稍屈，两臂置于体侧，自然屈肘。

(2) 移动：为了及时对准扣球点，一般情况下应采用与网平行的移动步法，常用的移动步法有并步、滑步、交叉步、跑步。

(3) 起跳：原地起跳时重心降低，两膝弯曲用力，同时两臂在体侧屈肘作画弧线摆动，使身体垂直起跳。起跳的时机应根据对方的扣球变化而有所不同，一般应比扣球队员起跳晚半拍，但拦快球时应与扣球者同时起跳(见图8-9)。

(4) 空中击球：拦网时，两臂贴耳垂直，两肩上提，两手距离不能超过球的半径，并要尽量接近球的上空。拦网时手指自然张开，手腕略后仰，手指微屈，分开成勺形，以便包住球。当手触球时，两肩上送，两手要突然紧张，手腕用力下压，盖住球的前上方，将球拦在对方场内(见图8-10)。

(5) 落地：拦网后要正面对网屈膝，缓冲落地，若未拦到或拦起球在本方时，则应在身体下落时向落球方向转体，便于后撤接应或反攻。

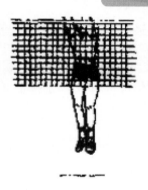

图 8-9

图 8-10

8.3　排球比赛规则简介

排球比赛采用五局三胜制，胜三局的队胜一场。比赛中，某队胜 1 球，即得 1 分(每球得分制)。接发球队胜 1 球时得 1 分，同时获得发球权，队员按顺时针方向轮转一个位置。每局比赛(决胜局第五局除外)先得 25 分并同时领先对手 2 分的队胜一局。当比分为 24∶24 时，比赛继续进行至某队领先 2 分(26∶24 或 27∶25)为止。决胜局先得 15 分并同时领先对手 2 分的队获胜。当比分为 14∶14 时，比赛继续进行至某队领先 2 分(16∶14 或 17∶15)为止。

8.3.1　场地、器材与设备

1. 场地

(1) 排球场地长 18 米，宽 9 米。

(2) 取消两条发球线，发球区扩大为端线后 9 米宽的地区，延伸至无障碍区的终端。

(3) 中线与进攻线之间为前场区。

(4) 两条进攻线在无障碍区的假想延长线直至记录台前的范围为换人区。

(5) 正式比赛场地四周至少有 3 米宽的无障碍区，上空至少要有 7 米高的无障碍空间。

2. 球网

(1) 球网。球网为白色，长度为 9.50 米，宽度为 1 米，设在中线的中心线垂直面上。

球网的高度：男子为 2.43 米，女子为 2.24 米；少年比赛，男子网高一般为 2.35 米，女子网高为 2.15 米，基层或儿童比赛的网高，可根据具体情况自行确定。

(2) 标志带的带长为 1 米, 宽度为 5 米。分别设在球网两端, 垂直于边线和中心线交接处。两条标志带均被认为是球网的一部分。

标志杆。标志杆长度为 1.80 米, 直径为 10 毫米。标志杆设置在标志带的外沿、球网的不同侧面, 并高出球网 80 厘米。标志杆被认为是球网的一部分。两根标志杆和球网的上沿构成过网区, 标志杆被认为是向上空无限延长的。

3. 球

正式比赛用的球, 是黄、白、蓝三色球。球的圆周为 65~67 厘米, 重 260~280g, 气压为 $0.40 \sim 0.45 \text{kg/cm}^2$。

正式比赛采用每球得分制, 在一次比赛中所采用的球的圆周、重量、气压、牌号等都必须是统一的。

8.3.2 比赛的计分

(1) 胜一场。正式比赛采用 5 局 3 胜制, 即最多打 5 局, 胜 3 局的队即胜 1 场。

(2) 胜一局。某队先得 25 分或先得 25 分并超出对方 2 分胜一局。当比分为 24∶24 时, 比赛继续进行至某队领先 2 分。决胜局(第五局)中先得 15 分的队为胜。

(3) 胜一球。比赛中采用每球得分制。

8.3.3 犯规与判罚

1. 发球犯规及判罚

1) 发球犯规

(1) 发球次序错误。发球次序应按位置表上的顺序进行, 取得发球权的队其队员必须按顺时针方向轮转一个位置, 由前排右轮转到后排右边的队员发球。某队未按照记录表上所规定的发球次序进行发球即可判为发球次序错误。

记录员在比赛中应对每一发球轮次都进行核对, 在发生发球次序错误时, 应在比赛间断时及时报告第二裁判员。

发球次序错误的处理原则如下所述。

① 队员必须立即恢复到正确的位置。

② 记录员必须准确地确定发球次序错误从何时发生, 从而取消该队在发球次序错误过程中的所有得分, 而对方的得分则仍然有效。

③ 如已得分, 而又不能确定其发球次序错误从何时发生, 则仅给予一次犯规的判罚。

(2) 在发球区外发球, 发球队员击球时, 踏及端线或边线延长线以外的区域则为发球犯规, 换由对方发球。

(3) 发球时球未抛起或未使球离开手即可判击球为发球犯规, 换由对方发球。

(4) 发球 5 秒违例。发球队员必须在第一裁判员鸣哨后 5 秒以内将球击出, 超过 5 秒再发球, 则为发球 5 秒违例, 换由对方发球。

(5) 再一次发球试图。如球被抛起或托球手撤离后, 未触及发球队员而落地, 被认为一次发球试图。如出现再一次试图即为犯规, 换由对方发球。

2) 发球击球后的犯规

(1) 发出的球过网前触及本方队员或没有通过球网的垂直面。

(2) 界外球：球未从过网区越过；球触标志杆或场外物体。

(3) 发球掩护。任何一名发球队的队员，以挥臂、跳动或左右晃动妨碍对方，而且发出的球从他的上空飞过，起到了掩护发球的作用，则为个人掩护发球。发球队有两名或更多的队员密集站立组成屏障，遮挡发球队员，而发出的球通过该屏障上空飞向对方场区，则为集体掩护犯规。

2. 位置错误犯规及判罚

1) 位置错误的判断

(1) 位置错误只有在发球的一瞬间才有可能造成。

(2) 队员的场上位置应根据脚的着地部位来确定。

(3) 应明确"同排"与"同列"的概念及位置关系。

1、6、5 号位及 2、3、4 号位为同排队员；1、2 号位，3、6 号位，4、5 号位为同列队员。规则规定同排左边或右边队员的一只脚的某部分必须比同排中间队员的双脚距离其同侧边线更近。同列前排队员的一只脚某部分必须比同列后排队员的双脚距离中线更近。

2) 位置错误的判罚

(1) 判失一球，队员必须立即恢复到正确位置。

(2) 记录员必须准确地确定其位置错误从何时发生，从而取消该队在位置错误过程中的所有得分，对方得分仍然有效。

(3) 如已得分，而又无法确定其位置错误从何时发生，则仅给予一次犯规判罚。

若发球队中击球时的犯规和对方位置错误同时发生，则认为发球犯规在先。若发球队员是发球击球后犯规或失误，则位置错误犯规在先，应判接发球一方位置错误犯规。

3. 击球时的犯规

(1) 最新规则规定。球可以触及身体的任何部位，取消触及膝关节以下为犯规的规定。新规则对持球的尺度放宽。规则规定：球必须被击出，不得接住或抛出。取消了击球必须清晰并不得使球停滞的规定。

(2) 4 次击球。每队最多击球 3 次(拦网除外)，第 3 次必须将球击过网进入对方场区，第 4 次击球则为犯规。

(3) 借助击球。队员有意借助同伴或任何物体去击球，为借助击球犯规。

(4) 连击。一名队员连续击球两次或球连续触及他的身体不同部位，则造成连击犯规(拦网除外)。但在第一次击球时，除上手传球外，允许身体不同部位在同一击球动作中连续触球。所谓第一次击球是指接对方的发球、扣球、吊球、推攻球、被拦回的球等。所谓同一动作中的连续触球，是指一个击球动作后，球多次明显连续地触及身体不同部位。如球触及前臂、上臂后，又触及肩部或头部。

(5) 对同时触球的判罚。

① 同队两名或更多名的队员可以同时触球。在两名队员同时触球时，应认为该队已击球两次(拦网除外)。如两名队员同时去击球，但仅一名触球，则应认为该队仅击球 1 次。

② 两名不同队的队员在球网上空同时触球后，比赛继续进行，接球的一方仍可击球3 次。如果球落在甲队场区外，则应判为乙方击球出界。

4. 球网附近犯规

(1) 触网。比赛进行中，队员触及 9.50 米以内的球网、标志带、标志杆为触网犯规。但队员击球后，在不影响比赛进行的情况下，可以触及网柱、网绳或全网之外的任何其他物体。判罚触网犯规时，应注意区分主动触网还是被动触网。由于球被击入球网，而造成球网触及队员为被动触网，不应判触网犯规。

(2) 过中线。比赛进行中，队员整个脚或身体的任何部分越过中线触及对方场区时为过中线犯规。但队员的一只脚或双脚越过中线触及对方场区的同时，脚的一部分还触及中线或置于中线上空是允许的。

(3) 过网击球。在对方场区空间内击球为过网击球犯规。判罚过网击球犯规的依据是击球点是否在对方场区空间。如击球点在本场区上空，击球后手随球过网是允许的，不能判为过网击球犯规。

(4) 从网下穿越进入对方空间并妨碍对方比赛。规则规定在不妨碍对方比赛的情况下，允许队员在网下穿越进入对方空间。如妨碍了对方比赛即为犯规。

5. 进攻性击球犯规

(1) 后排队员进攻性击球犯规。后排队员在前场区，对整体高于球网上沿的球，完成进攻性击球为犯规。所谓完成进攻性击球是指球的整体通过球网垂直平面或触及拦网队员。判罚后排队员进攻性击球犯规，必须同时具备以上各条件，否则便不构成犯规。

(2) 在前场区对对方发过来并且球的整体高于球网的球，完成进攻性击球。规则规定任何队员在前场区，对对方发过来的整体高于球网的球，完成进攻性击球则构成犯规。但如果队员在后场区，或虽在前场区，但对低于球网的球完成进攻性击球，则不构成犯规。

6. 拦网犯规

(1) 过网拦网犯规。在对方进攻性击球前或击球时，在对方空间拦网触球为过网拦网犯规。判罚依据是进攻性击球队员与拦网队员击球时间的先后。

(2) 后排队员拦网犯规。后排队员靠近球网，将手伸向高于球网处阻挡对方来球，并触及球，则为后排队员拦网犯规。后排队员在靠近球网处参加集体拦网，并将手伸向高于球网处阻挡对方来球，即使本人未触球，只要集体拦网成员中的任何一人触球，也应判为后排队员拦网犯规。

7. 换人和暂停

(1) 换人。比赛成死球时，教练员或队长可以向裁判申请要求换人。换人时，任何人(包括教练员)不得向场上队员进行指导，场上队员也不得离开场地。每局比赛每队换人不得超过 6 人次。

(2) 不合法替换。规则规定正式队员每局比赛只可换下一次，在同一局再上场时，只准换下替换他的替补队员。替补队员每局比赛只能上场一次，他可替换任何一名正式队员，但同一局中他只能被他替换下场的正式队员来替换。未按上述规定的替换为不合法替换。

(3) 暂停。每队每局可有一次自由暂停,每次 30 秒(第五局除外)。每局有两次技术暂停(第五局除外),当领先的队比分进行到 5 分和 10 分时执行,每次 60 秒。第五局没有技术暂停,每队有两次自由暂停,每次 30 秒。

8. 延误比赛

对不符合规定的请求间断,裁判员给予拒绝。同一局中再次提出不符合规定的请求,将给予判罚,给予"延误警告",第一裁判员出示黄牌。"延误警告"是对全队的,同一局中同队队员再次延误比赛,被认为犯规,给予"延误判罚",第一裁判员出示红牌,判犯规队失 1 球。

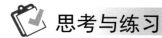

思考与练习

1. 短平快球是由哪个国家发明的( )。
   A. 日本　　　　　B. 美国　　　　　C. 俄罗斯　　　　　D. 中国
2. 正式排球比赛中,成年女子网高为( )。
   A. 2.50 米　　　B. 2.43 米　　　C. 2.53 米　　　D. 2.24 米
3. 每局比赛每队最多可替换( )人次。
   A. 4　　　　　　B. 5　　　　　　C. 6　　　　　　D. 7

第9章 乒乓球

　　乒乓球运动是手握球拍在中间隔一网的球台上轮流击球的一项球类运动。它具有球体小、速度快、变化多、设备简单、趣味性强、不受年龄性别限制的特点，非常受人们的喜爱。经常参加练习，可以发展人的灵敏、协调等素质。

9.1 乒乓球运动概述

乒乓球运动起源于英国，是由网球运动派生而来的。1926 年，欧洲许多国家成立了乒乓球协会，同年举办了第一届乒乓球锦标赛，当时定为每年举行 1 次。从 1957 年开始，世乒赛改为两年举行 1 届，比赛项目设男、女团体，男、女单打，男、女双打，混合双打共 7 项。

9.2 乒乓球基本技术

乒乓球运动的基本站位应根据不同类型打法及个人的打法特点相区分，不同类型打法其基本站位的范围大小也不相同。站位正确，有利于保持稳定的击球姿势和向任何一个方向迅速运动。

9.2.1 握拍法

握拍的方法有直拍握法和横拍握法两种。

(1) 直拍握法。即用食指的第二指节和拇指第一指节按压拍肩，其余 3 指自然弯曲重叠，中指的第一指节托住球拍背面。

(2) 横拍握法。即用中指、无名指和小指握住拍柄，虎口部紧贴拍肩，食指伸直，斜放于球拍背面，拇指在球拍正面。

握拍常见的错误及纠正方法。

(1) 握拍时虎口角度过大、过小，或太深、太浅，影响手腕动作的灵活性和击球发力。采用让学生反复体会握拍手的虎口与拍肩的位置的方法予以纠正。

(2) 直握拍还容易出现三个手指成扇形顶住球拍背面的现象，如不及时纠正会影响学生掌握反手推挡技术。中指第一指握拍不要过紧或过松，过紧会使手腕僵硬，影响击球时的弧线调节，过松则因拍面波动而会影响发力和击球的准确性。

9.2.2 步法

步法是乒乓球技术中的重要组成部分。步法的灵活与否将直接影响击球质量，影响技术水平的提高。

乒乓球运动中的步法主要有单步、跨步、跳步、并步、交叉步和侧身步 6 种。

9.2.3 发球与接发球

发球技术有以下几种。

(1) 平击发球。平击发球一般不带旋转，它是最基本的发球方法，也是掌握其他复杂发球技术的基础。

动作要点：①将球置于掌心，手掌伸平，然后将球抛起；②向前挥拍时，拍形稍前倾，击球中上部；③击球后的第一落点应在球台的中区。

(2) 反手发急球。这种发球方式球速快，弧线低，力量大。以攻为主的运动员用这种发球法易发挥速度上的优势。

动作要点：①抛球后，球降至约与网同高时击球；②击球时，拍形稍前倾击球中部，同时手臂向前迅速挥拍；③发球的第一落点要靠近端线。

(3) 反手发侧上(下)旋球。这种发球方式向右侧旋转加强，对方挡球后，会向左侧(下)反弹。

动作要点：①击球前，拍形稍向右倾斜，前臂和手腕由左向右方挥动；②击球时，拍从球的正中部向右侧下摩擦击出的球是右侧下旋球，拍从球的正中部向右侧上摩擦击出的球是右侧上旋球；③发球的第一落点要靠近端线。

(4) 正手发左侧上(下)旋球。这种发球方式球速一般不很急，左侧上(下)旋转力较强，对方挡球后，向其右侧上(下)反弹。

动作要点：①击球前，拍形稍向左偏斜，前臂和手腕由右向左挥动；②击球时，拍从球的正中部向左上摩擦击出的球为左侧上旋球(发左侧下旋球，拍稍后仰从球的中下部向左侧下摩擦)。

(5) 正(反)手发转与不转球。这种发球方式球速较慢，前冲力小，主要是发球手法接近，以旋转变化来迷惑对方，使其回接困难。发转与不转球的区别，在于拍触球的刹那间变化拍形的角度。

动作要点：①抛球不宜过高，发球前手腕和前臂放松，击球时向前下方摩擦用力；②发转球时，拍形稍后仰，从中下部向底部摩擦。发不转球时，拍形减小后仰角度，并稍加前推的力量。

(6) 发短球。这种发球方式击球动作小，出手快，球落于对方球台后的第二落点不出台。发短球可以牵制对方，使对方不易发力还击。

动作要点：①抛球不要太高，等下降时击球；②击球时，手腕和前臂要敢于摩擦发力，手腕的力量要多于前臂的力量。击出球的第一落点应在本方球台近网处。

(7) 正手高抛发球。这种发球方式把球高抛可以迷惑对方。发球时，利用球下降的速度可使发出的球速度加快，旋转力加强，变化多端。

动作要点：①球要抛得高而且直，击球前，手腕和手臂要放松；②击球点在偏右 15 厘米左右，击球时靠手腕发力；③发侧上旋球时，在触球的刹那间手腕迅速上勾，摩擦球的中部或中侧部。发侧下旋球时要集中摩擦球的中下部，发球动作与发侧上旋球相似，使对方不易判断。

(8) 下蹲式发球。利用下蹲动作发出旋转多变的球，使对方难作正确的判断，为进攻创造机会，这种发球方式多用于横拍选手。

9.2.4　推挡球

推挡球可分为挡球、快推、加力推、减力挡以及推下旋球等技术。

(1) 挡球。击球前，持拍手臂与台面平行伸向来球击球时，前臂和手腕向前移动，借助对方来球的反弹力，击上升期球的中部将球挡回。击球后，迅速还原。

（2）快推。击球前，持球手臂和肘内收，前臂略外旋。击球时，前臂向前推出，食指压拍肩，拇指放松，使拍形前倾。在来球上升期击球的中部，将球快推过去。击球后，手臂迅速收回、还原。

（3）加力推。加力推的击球速度比快推稍慢一些。击球前，前臂后收，使球拍略提高一些，击球时，调整好拍形角度，中指顶紧拍背，在上升后期或高点期击球中上部。然后手臂迅速还原。

（4）减力挡。击球前，不引拍，稍屈前臂，拍面稍前倾。击球时，手臂向前移动的同时身体重心略升高，拍面高于来球。在触球瞬间，手臂前移动作骤然停止，并带有稍向后收动作，在球的上升期击球的中上部。击球后，迅速还原。

（5）推下旋。击球前，拇指压拍肩，使拍面稍后仰。击球时，前臂向前下方发力，在高点期击球中下部。

9.2.5 攻球

攻球技术可分为正手攻球和反手攻球两大类。每一类中，通常又可分为快攻、中远台攻、快拉、快拨、突击、扣杀和滑拍。

1. 正手攻球技术

（1）正手快攻。左脚稍前，身体离球台约 30 厘米，持拍手在身体右侧引拍，由体侧向前上方挥出，挥至前额，手腕内扣，使拍面稍前倾，在球上升期或高点期击球的中上部。击球后迅速还原放松。

（2）正手远台攻。左脚稍前，身体离球台 1 米，持拍手向右后方引拍，拍面稍后仰。击球时，上臂带动前臂在腰、肩、腿的配合下向前上方挥拍，手腕随挥拍逐渐使拍面前倾，在下降前期击球的中部，同时上体左转，重心由右脚移至左脚。击球后迅速还原放松。

（3）正手快拉。左脚稍前，身体离台 40 厘米左右。击球前，身体重心略降，前臂下沉，拍面近似垂直。触球瞬间，手腕稍内旋，前臂加速用力向左上方提拉摩擦球体，击球的下降前期，摩擦球的中下部，击球后迅速还原放松。

（4）正手突击。身体离台 30 厘米以内。击球前，持拍手上臂贴近身体，前臂在转腰的同时稍后引。击球时，前臂配合手腕突然发力，在球的高点期击球的中下部。击球后迅速还原放松。

（5）正手快拨。身体贴近球台，右脚向右前方上步同时前臂伸入台内。击球前，前臂和手腕充分放松。击球时，根据不同性质的来球靠手腕向前上方转动发力将球击出，在球的最高点期击球的中上部(上旋球)或中下部(下旋球)。击球后身体迅速还原。

（6）滑拍。重心在左脚，手臂自然弯曲，击球前，球拍位于身体右侧成半横状。击球时，手臂由右向左移动，在高点期击球左侧面，触球时手腕外展顺势向左滑使球左旋，将球击到对方左角。

2. 反手攻球技术

（1）反手快攻。右脚稍前，身体离球台约 40 厘米。击球前，持拍手向身前左侧引臂，前臂上提，拍面稍前倾，略高于来球。击球时，以肘关节为轴，前臂快速向右前上方发力，腰肩随之转动，击球的高点期中上部。

(2) 反手快拨。动作方法和特点基本同"反手快攻"，只是动作幅度更小一些。

(3) 反手快拉。击球前，重心略下降，持拍手肘部下沉，拍面稍后仰。击球时，前臂配合手腕随势转动拍面，快速迎前向上发力，击球的下降期前段中下部。

9.2.6　弧圈球

弧圈球是一种上旋力非常强的进攻技术。弧圈球可分为加转(高吊)弧圈球、前冲弧圈球和侧旋弧圈球。

(1) 正手加转(高吊)弧圈球。击球前，左脚稍前，两膝微屈，重心放在右脚上，右肩低于左肩，持拍手自然下垂，球指引至身后侧下方，手腕固定，拍面稍前倾(为 75°～80°)。击球时，手臂向上前方挥摆的过程中，前臂用力快攻，腰部随之向左上方转动，擦击球的下降期中部偏上。击球后重心移至左脚，然后迅速还原放松。

(2) 正手前冲弧圈球。击球前，持拍手引至腰部右侧与台面同高，手腕相对固定，拍面前倾 30°～45° 角。击球时，上臂带动前臂向左前方挥拍，上体随势转动，触球瞬间，手腕略为转动发力，在高点期擦击球。

(3) 正手侧旋弧圈球。击球前，持拍手向右后下引拍，手腕内屈、固定。击球时，上臂带动前臂由右侧后方向左前上方挥出，上体随势向内扭转，在下降前期擦击球的右侧中部偏下。击球后，身体迅速还原放松。

(4) 反手弧圈球。击球前将拍引至下腹部，拍形前倾。当球弹起时，以肘为轴，前臂迅速向上挥动，结合手腕向上转动的力量，在下降期摩擦球的中部或中上部，在击球过程中，两腿向上蹬伸。

9.2.7　搓球

搓球技术可分快搓、慢搓、搓侧旋等几种，每一种又包括正手和反手两方面。

(1) 快搓。搓球前，拍面稍后仰，球拍置于身前。搓球时，手臂迅速前伸迎球，手臂向前下方用力，在上升期搓球的中下部和底部。

(2) 慢搓。搓球前，拍面稍后仰。搓球时，身体迎前动作较小，手臂向前下方用力，在下降期搓球，击球的中下部和底部。

(3) 搓侧旋。搓球前，球拍先前迎。搓球时，手臂向左发力摩擦球的同时，手腕用力，在球的高点期或下降前期搓球的中下部。

9.2.8　削球

削球技术种类很多，大致可分为正手削球与反手削球两大类。

(1) 正手削球。左脚稍前，身体离球台 1 米以外。击球前，手臂自然弯曲，将球拍向右上引至肩同高，重心放在右脚上。击球时，手臂向左前下方挥动，拍形稍后仰，在下降期击球的中下部，同时手腕向下用力。击球后，球拍随势前送，重心移到左脚，然后迅速还原。

(2) 反手削球。击球前，右脚稍前，手臂弯曲，球拍向左上方引至与肩同高，拍柄向下，重心放在左脚上。击球时，手臂向右前下方挥动，拍面后仰，在下降期击球中下部，同时前臂与手腕加速削击来球。击球后，重心移到右脚。

9.2.9 结合技术

凡将两种或两种以上单项技术结合起来运用的，统称为结合技术。

(1) 推挡侧身攻。由推挡和侧身正手攻球组成。推挡后，左脚先向左跨一步，腰部向左侧移动，随后右脚向左后方移动，形成一个侧身位置。侧身攻球时，拍面稍前倾，充分发挥腰部转动和腿部的力量，在高点期击球的中下部。

(2) 左推右攻。一方攻击两角，另一方以反手推挡和正手攻球结合起来进行回击。推挡后，转入正手攻球时，左脚蹬地，右脚迅速向前方尽量跨出一大步，左脚立即跟上一大步进行攻球。击球时，拍面稍前倾，在上升期击球的中上部。

(3) 推挡侧身攻后扑右方(推侧扑)。由推挡、侧身攻和移动中正手攻这三项单项技术组成。推挡侧身攻后，迅速向右做交叉步移动，在脚着地的同时，腰部左转并带动手臂向前挥击，在高点期击球的中上部，击球的同时，右脚迅速向右移动。

(4) 搓中起板(搓中突击)。由搓球和正手攻球这两个单项技术组成。搓中起板因速度快、距离短，所以富有突然性，这是各种类型打法在比赛中相互之间动作的结合技术。

① 来球若不转，击球时拍面稍前倾，以手臂向前发力为主，在高点期击球的中部和中上部，拍比球要稍低。

② 来球是下旋球时，击球时拍面可与台面近乎垂直，在高点期击球的中下部，拍比球要略低些。来球下旋越强，手臂向上挥击的力量就应越大。

(5) 削中反攻。由削球和攻球组成。当削球转入反攻时，身体重心迅速转换。在远台反攻时，拍面要稍前倾，以手臂向前发力为主，拍面要固定，在高点期击球。

9.2.10 双打

双打的特点(规则)：乒乓球台中央有一条 3 毫米宽的中线，把球台分成左右均等的两个半台，其右半台，即为双打的发球区，发球后，每一方均轮流还击，否则判失分。

(1) 双打的配对。

① 一人左手握拍，一人右手握拍。

② 同类打法的配对，两人快攻的配对。

③ 一前一后配对，一攻一削的搭配，两削球的搭配。

(2) 易犯错误与纠正方法。

① 双打中两人走位乱，易出现影响同伴的视线，妨碍同伴还击、不利于本人下次还击的现象，应采用有选择地指定有利于他们技术发挥的脚步移动路线的方法予以纠正。

② 发球不严密，接发球身体不到位，易出现被攻和让位不及时等现象。应采用多球练习的方法予以纠正。

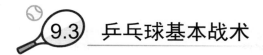

9.3　乒乓球基本战术

乒乓球基本战术，主要是指在比赛中根据对方的类型打法及技术特点，而采用各种技术的原则和方法。乒乓球各类型打法的战术是多种多样的。归纳起来，大致可分为以下几类：发球抢攻战术、对攻和拉攻战术、搓攻战术、削中反攻战术及接发球战术。但由于各类型打法和个人技术风格以及作战对象不同，因而在运用战术的具体方法上也各不相同。

9.3.1　发球抢攻战术

1. 快攻类

(1) 对付快攻打法的战术：反手发侧上、下旋球至对方中路偏右近网处，配合发大角度长球，伺机抢攻。

(2) 对付弧圈打法的战术：正手发转与不转球至对方右角或中路近网处，配合发长球至对手左方，伺机抢攻。

(3) 对付削球打法的战术：正手发右侧上旋急球至对方右大角或中路，配合发直线近网短球或长球，伺机抢攻。

2. 弧圈类

(1) 对付快攻打法的战术：反手发右侧上、下旋短球至对方正手中路，结合发强烈上、下旋球至两角后抢拉或抢冲。

(2) 对付弧圈打法的战术：侧身或正手发高、低抛左侧上、下旋球至对方正手近网处，配合底线侧上旋球，伺机抢攻。

(3) 对付削球打法的战术：正手或侧身发转与不转球至对方正手中路近网处，配合发侧上、下旋底线长球后抢拉或抢冲。

3. 削攻类

(1) 对付快攻打法的战术：正手或侧身发高、低抛左侧上、下旋球至对方反手短路或刚出台处，然后抢攻或抢冲其中路或反手。

(2) 对付弧圈打法的战术：正手发转与不转球至对方正手中路近网处，然后抢攻或抢冲其中路或反手。

(3) 对付削球打法的战术：正手发下蹲或左、右侧上、下旋转球至对方中路，然后抢攻。

9.3.2　对攻和拉攻战术

1. 快攻类

(1) 对付快攻打法的战术：紧压反手，结合变线，伺机抢攻。

(2) 对付弧圈打法的战术：加、减力推压对方中路或反手，伺机抢攻。

(3) 对付削球打法的战术：连续拉对方反手后，突击中路或直线，然后扣杀两大角。

2. 弧圈类

(1) 对付快攻打法的战术：运用高吊弧圈球，拉住对方反手后，找机会抢冲对方正手位。

(2) 对付削球打法的战术：拉不同旋转和长、短落点的弧圈球后，伺机冲、扣中路或反手。

9.3.3 搓攻战术

1. 快攻类

(1) 对付快攻打法的战术：以快搓加转长球为主，结合搓转与不转短球至对方反手，伺机突击或抢先拉起。

(2) 对付弧圈打法的战术：以快搓转与不转短球为主，结合突然搓对方反手底线险球，找机会"快点"或抢攻。

(3) 对付削球打法的战术：快搓转与不转球至不同落点，伺机突击中路或两大角。

2. 弧圈类

(1) 对付快攻打法的战术：搓加转短球结合搓加转底线两角长球后，伺机拉高吊或前冲弧圈球至对方中路或正手位。

(2) 对付弧圈打法的战术：搓转与不转短球结合快搓加转底线反手长球后，伺机拉高吊或前冲弧圈球至对方中路或反手位。

(3) 对付削球打法的战术：以搓对方反手、中路为主，结合搓正手台内短球后，伺机拉高吊或前冲弧圈球至对方中路或反手位。

9.3.4 接发球战术

1. 快攻类

(1) 对付快攻打法的战术：用正手撇一板或"快点"对方反手位，配合突然变正手与中路。

(2) 对付弧圈打法的战术：用快搓短球结合快搓底线长球控制对方，然后抢先拉起或突击。

(3) 对付削球打法的战术：接发球抢拉或抢冲。

2. 削攻类

(1) 对付快攻打法的战术：用加转搓球至对方反手大角，配合送转与不转长球至对方正手。

(2) 对付弧圈打法的战术：用快搓或攻球控制对方两角后，伺机进攻或后退削球。

(3) 对付削球打法的战术：用快拨或接发球抢拉后，再退后削球，形成相持局面。

9.4　乒乓球比赛规则简介

乒乓球比赛规则包括场地、器材和竞赛通则。

9.4.1　场地和器材

(1) 球。黄色(或白色)，直径为 38 毫米，重 2.5 克，赛璐珞或类似的塑料制成。

(2) 球拍。球拍的大小、形状或重量不限，底板厚度至少应有 80% 的天然木料。

(3) 球台。球台应为与水平面平行的长方形，长度为 2.74 米，宽度为 1.525 米，离地面高度为 76 厘米。球台四边应有一条 2 厘米宽的白线。双打时，各台区应由一条 3 毫米宽的白色中线划分为两个相等的"半区"。

9.4.2　乒乓球竞赛通则

1. 定义

(1) 握在手中的球拍或执拍手手腕以下部分触球叫作"击球"。

(2) 对方击球后，球尚未触及本方台区，本方运动员即行击球叫作"拦击"。

(3) 对方击球后，处于比赛状态的球尚未触及本方台区也未越过台面或其端线，即触及本方运动员或其穿戴的任何物品，叫作"阻挡"。

2. 合法发球

(1) 发球时，球应放在不执拍手的掌上，手掌张开和伸平，球应是静止的，在比赛台面的端线之后和比赛台面的水平面之上。

(2) 发球员必须用手把球垂直地向上抛起，不得使球旋转，并使球在离开不执拍手的手掌之后上升不少于 16 厘米。

(3) 当球从抛起的最高点降落时，发球员方可击球，使球首先触及本方台区，然后越过或绕过球网装置，再触及接发球员的台区。在双打中，球应先后触及发球员和接发球员的右半区。

(4) 从抛球前静止的最后瞬间，到击球时，球和球拍应在比赛台面的水平之上。

(5) 运动员发球时，有责任让裁判员或副裁判员看清他是否按照合法发球的规定发球。

(6) 无论是否第一次或任何一次，只要发球员明显没有按照合法发球的规定发球，他将被判失 1 分，无须警告。

(7) 在运动员发球时，没有击中处于比赛状态的球即失 1 分。

3. 重发球

出现下述情况应判重发球。

(1) 如果合法发出的球越过或绕过球网装置时，触及球网装置或触及球网装置后被接发球员或其同伴拦击或阻挡。

(2) 如果接发球员未准备好，球已发出，而且接发球员或其同伴均没有企图击球。

(3) 发生了运动员无法控制的干扰，而使运动员未能合法发球、合法还击或遵守规则。

(4) 由于要纠正发球、接发球次序或方位错误。

(5) 由于要实行轮换发球法。

(6) 由于警告或处罚运动员。

(7) 比赛环境受到干扰，以致该回合结果有可能受到影响。

4. 判 1 分

回合中出现重发球以外的下列情况，应判失 1 分。

(1) 未能合法发球。

(2) 未能合法还击。

(3) 拦击或阻挡。

(4) 连续两次击球。

(5) 用不符合规定的拍面击球。

(6) 运动员或其穿戴的任何物品移动了比赛台面。

(7) 不执拍手触及比赛台面。

(8) 运动员或其穿戴的任何物品触及球网装置。

(9) 在双打中，除发球和接发球外，运动员未能按正确的次序击球。

(10) 运用轮换发球法时，发球方发出和还击的球被接发球方连续 13 次合法还击。

5. 交换发球次序

(1) 比分到 5 分后，接发球一方即成为发球方，依此类推，直到一场比赛结束。或直到双方的比分到 20 分，或直到开始采用轮换发球法。

(2) 在双打中，由取得发球权一方选出同伴发球，由对方选换同伴接发球。

(3) 一局首先发球的一方，在该场下一局首先接发球。

6. 交换方位

一局中站某一方位的运动员，在下一局应换到另一方位。在决胜局中，当一方先得 1 分时，即应与对方交换方位。

7. 发球、接发球的次序和方位错误

(1) 一经发现运动员方位错误，应中止比赛，并按照该场开始时的次序，根据场上比分确定运动员应该站的方位，再继续比赛。

(2) 一旦发现运动员错位或错接了球，应中断比赛，并按该场开始的次序，从场上比分开始，由应发球或接发球的运动员发或接。在双打中，按发现错误时那一局中有首先发球权的那一方的次序进行纠正，再继续比赛。

(3) 在任何情况下，发现错误之前的所有得分均有效。

8. 比赛胜制

一场比赛应采用三局两胜制或五局三胜制。比赛应连续进行，但在局与局之间，任何一名运动员都有权要求不超过两分钟的休息时间。

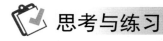

思考与练习

1. 在决胜局中，当一方先得_____时，即应与对方交换方位。

2. 乒乓球的基本步伐有____、____、____、____、____。

3. 乒乓球运动始于____国。

4. 乒乓球的基本技术有哪些？

5. 简述乒乓球的快攻类战术。

6. 简述正手高抛发球的动作要点。

第10章 羽 毛 球

本章导读

　　现代羽毛球运动诞生在英国。1873 年，在英国格拉斯哥郡的伯明顿镇有一位叫鲍弗特的公爵，在庄园里进行了一次"蒲那游戏"的表演。因这项活动极富趣味性，很快就风行开来。此后，这种室内游戏迅速传遍英国，"伯明顿"(Badminton)即成为英文羽毛球的名字。

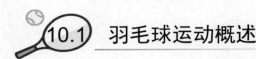

10.1　羽毛球运动概述

羽毛球运动起源于英国。1893 年英国正式成立羽毛球协会，1899 年第一届全英羽毛球锦标赛在伦敦举行，以后每年一次，一直沿袭至今。20 世纪 60 年代，我国羽毛球运动的技术水平已跨入了世界先进行列，直到目前，多次取得世界比赛的冠军，成为名副其实的"羽毛球王国"。

羽毛球运动场地、器材简便易行，动作方法较易掌握，运动量可大可小，不同性别、年龄和身体状况的人都可从事这项活动，因此，深受广大群众的喜爱，开展得十分普遍。

经常参加羽毛球运动，可以增强体质，发展人的灵敏和协调能力，提高动作速度和上、下肢活动能力，促进内脏器官的功能，使身体得到全面发展。

羽毛球的比赛紧张激烈，运动强度大且历时较长。因此，从事羽毛球运动，不仅对人体速度、灵敏、力量、耐力等素质有很高的要求，而且，还有助于培养人的勇敢顽强、机智灵活、沉着果断等优良品质。

10.2　羽毛球运动的基本技术

严格说来，羽毛球运动的基本技术主要由上肢的基本手法和下肢的基本步法两大部分组成。在羽毛球运动中，上下肢的基本技术既相互独立，各成一体，又缺一不可，共同构成一个完整的有机体。只有具备了上肢的基本技术和下肢的基本步法并能够结合运用的球员才能称之为优秀的球员。

10.2.1　握拍法

(1) 正手握拍法。正手体侧击球、正手高手击球、网前击球、头顶击球等用正手握拍法。

动作方法：拍面与地面垂直，右手虎口对准拍柄侧面内沿，以握手式握住拍柄，小指、无名指、中指并握，食指稍分开，大拇指与中指相近，拍柄端与小鱼际肌齐。

(2) 反手握拍法。反手高手击球(反手高手击高远球、杀、吊球)和网前击球时采用。

动作方法：在正手握拍基础上，拍柄稍外转，食指收回，拇指第一指关节内侧顶贴在拍柄内侧的宽面上，拍柄端靠紧小指的根部，手心留有空隙。

10.2.2　发球和接发球

1. 发球

发球是羽毛球运动中的一项重要技术，直接关系到比赛的主动或被动。

发球站位：单打在中线附近；离前发球线 1 米左右。双打可稍靠前些。

发球姿势：正手发球时，左肩侧对球网，左脚在前，两脚距离与肩同宽，重心在后脚上。右手持拍向右后侧举起，肘部微屈，左手持球(拇指、食指、中指夹持球托和羽毛相接处)，举在腹部右前方。

发球以球在空中飞行弧线分为高远球、平高球、平快球、网前球几种。

(1) 发高远球。球发得高且远，在对方底线上空垂直下落。

动作方法：左手松开使球下落，右手沿向下而上的弧线朝前上方加速挥摆，拍面后仰，手腕外展，触球时，前臂带动手腕向前上方"闪"动，使击球时产生爆发力。击球点在右侧前下方。击球后，随势向前上方挥摆，重心移至左脚。

(2) 发网前球。球低刚好过网，并落在前发球线附近。

动作方法：击球时挥拍幅度较小，力量较轻，拍面稍后仰，触球时利用手腕和手指的力量从右向左横切推送。

(3) 反手发球。在双打中运用较多。特点是动作小，速度快，发各种球动作一致性强。

动作方法：站在前发球线附近，右脚稍前，重心在前脚上，上体稍前倾，左手拇指和食指捏住球的一根羽毛，放在腹前腰下，右手反手握拍，击球时，前臂带动手腕和手指向前横削推进。发网前球时，速度较慢，力量较轻，略带反压。发平快球、平高球时，要注意拍面角度，加快挥拍速度，要"甩"腕产生爆发力击球(见图 10-1)。

①　②　③　④

图 10-1

2. 接发球

(1) 接发球的站位和姿势。站位离前发球线 1.5 米处(双打可稍靠前)，靠近中线位置，左脚在前，右脚在后，侧身对网，重心在前脚，后脚跟离地，膝微屈，收腹含胸，球拍在身前。

(2) 如何接发球。对方发高远球或平高球时，可用平高球、吊球、杀球还击。对方发网前球时，可用平高球、高远球、放网前球、平推球还击。如发球质量不高，也可用扑球进攻对方。发平快球时，可用平推球、平高球还击，以快制快也可用高远球还击，以逸待劳。

⚽ 10.2.3　高手击球法

高手击球具有击球高、速度快、力量大、主动性强、进攻威力大等特点，是主要的基本技术。

1. 正手高远球

动作方法：身体侧面对球网，左脚在前，重心在后脚前脚掌上，屈肘将拍举到肩上，拍面对网，当球下落时，引拍至头后，在右腿蹬地和腰腹协调用力下，大臂带动前臂向上，肘关节上升，前臂向前"甩"出，触球时手臂伸直，"闪"动手腕，将球击出。击球后，随势向前下挥拍，重心移至左脚。

2. 反手击高远球

动作方法：准备击球时，改成反手握拍，右脚前交叉跨到左侧，背对网，重心在右脚，球拍举起，拍面向上。击球时腿和腰腹协调用力，以上臂带动前臂挥拍，在肘部上抬至与肩平行时，转为前臂带动腕部"闪"动，在右侧上方伸直手臂向后击球，并由蹬地力量配合。击球后，迅速转体面向球网。

3. 吊球

吊球是调动对方的较好手段。

动作方法：吊球的前期动作与打高远球相似，在击球时，刹那间前臂减速，利用手腕的快速"闪"动，向前下切削，这种吊球叫劈吊。另一种拦截吊球是在击球时，拍面正对来球，当触球时，只需轻轻一挡，使球越网后垂直下落。

4. 扣杀球

扣杀球是一项主要的进攻技术。

正手扣杀球动作方法：准备姿势和击球动作大体同正手高远球，只是击球的一刹那间需用全力，前臂带动手腕下压，触球时拍面前倾，向前下用力，腿、腰腹协调用力。

10.2.4 网前击球

网前击球是一项可以调动对方、战术多变的击球方法。

1. 搓球

动作方法：正手网前搓球时，上步要快，右脚跨步向前，重心在前，手臂向前伸，手腕放松。击球时，拍面与网呈斜面向前，手指控制好拍面，向前切削，球呈下旋翻滚过网(见图10-2)。

④   ③   ②   ①

图 10-2

2. 扑球

动作方法：蹬步上网，身体前扑、举拍向前，拍面前倾。击球时用手腕手指力量向前下方用力。触球后即回收，以免触网犯规(见图10-3)。

(1) 放网前球。在网前击球点低时采用。

动作方法：击球前动作与搓球同，击球时手指向前上方轻轻托球，使球一过网顶即向下落。

（2）挑高球：在被动情况下的防守技术。

动作方法：击球前动作基本同搓球。击球时以肩为轴，自下而上地用前臂带动手腕，手指快速向前上方挥拍。

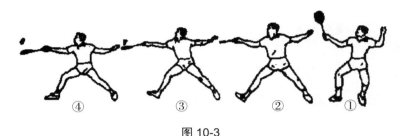

图 10-3

10.2.5　低手击球

低手击球是防守性技术，技术难度较大，在高手击球的基础上，可以逐步练习低手击球技术。

1. 抽球

动作方法：击球点在肩部以下，以躯干做竖轴，半圆式挥拍击球。正手抽球时，右脚跨步，重心在右脚上，球拍后引，拍面稍后仰，击球时前臂带动手腕向前上方用力。反手抽球时，右脚向左跨步，背朝网，球拍举在左肩稍上方，击球时以上臂带动前臂沿水平方向挥拍，手腕用力向后方"闪"动。

2. 接杀球

接杀球有挡网前、抽后场、挑高球等几种回击技术。

1）挡网前球

动作方法：双脚平等站立比肩稍宽。接杀球时，靠手腕和手指控制球拍。预摆动作小，借来球的速度和力量反弹回击。

2）抽后场球

动作方法：当对方杀球力量较轻时，可用抽后场方式还击。准备姿势与挡网前球相同，只在触球的刹那间要握紧拍子，以后腕为主要发力向前稍上方用腕。

10.2.6　步法

快速、灵活、正确的步法是技术的基础。基本步法由上网、后退、向两侧移动和起跳腾空等动作组成。

1. 上网步法

无论正手和反手，根据来球的远近，均可采用一步、两步、三步上网。

1）一步上网

动作方法：移动前的准备姿势，两脚左右分立与肩同宽，两膝微屈，前脚掌着地，保持在原地轻轻弹动。来球距离较近时，右脚跨出一大步即可。正反手相同。

2）两步上网

动作方法：准备姿势同前。来球稍远时，以左脚先向来球方向迈一小步，然后右脚跨出一大步。

3）三步上网

动作方法：准备姿势同前。来球稍远时，以右脚向前一小步，左脚向右脚迈一步，右脚再跨一大步。

2. 后退步法

(1) 正手后退：有侧身并步后退和交叉步后退两种。

① 侧身并步后退：右脚向右手撤一小步，转身侧对网，左脚并步靠近右脚，右脚再向后移至来球位置。

② 交叉步后退：右脚撤后一小步，左脚从体后交叉后退步，右脚再后移至来球位置。

(2) 反手后退：脚先后撤一步(或垫一步)，身体左转，左脚向左后退一步，右脚再跨出一步。如站位较后，可采用左脚向左后撤一步，上体左后转，右脚再向左后跨一大步。

3. 向两侧移动

1）向右侧移动

动作方法：左脚蹬地，右脚向右跨一大步。在来球较远时，可用左脚先向右垫一小步，右脚再向右跨一大步。

2）向左侧移动

动作方法：右脚蹬地，左脚向左跨一步。来球稍远时，左脚先向左移半步，右脚向左跨一大步。

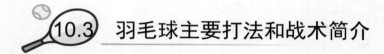

10.3 羽毛球主要打法和战术简介

10.3.1 打法

(1) 压后场底线。该种方法是初学者必须掌握的基本打法。它的特点是通过平高球压对方于后场底线，待对方回球较弱时大力扣杀或吊网前空当。

(2) 攻四方球控制落点。它的特点是以快速而又准确的落点，攻击对方场区的四个角落，调动对方前后左右奔跑，当其回球较弱时，攻其空当。

(3) 快拉快吊控制网前。以平高球快压对方后场两底角，而后快吊网前两角，引对方上网。当对方回网前球时，迅速上网控制网前，以网前搓球、勾球结合推球至后场底线，使对方被动回球，出现机会后，大力扣杀或扑球得分。

(4) 后场下压，上网搓、推。在后场通过扣杀、劈杀或吊球技术，迫使对方放网前球。这时主动上网，利用搓、推等技术控制网前，待对方回球较弱时，大力扣杀。

(5) 空中反攻。利用拉、吊、打四方球及防守中的球路变化调动对方，伺机反攻。

10.3.2　基本战术

(1) 发球抢攻：从发球开始就争取主动，攻杀得分。发球抢攻时一般常发网前低球，结合平快球、平高球，采取第三拍主动进攻。

(2) 进攻后场：当对方技术不熟练、后场力量差、回球线路和落点盲目性大时，多采用这种战术。压对方后场，造成对方被动后，伺机取胜。遇后退步法较慢、反击能力差和急于上网的选手，也可采用压底线战术。

(3) 攻前场：对网前技术较差者，可攻对方前场两角，乘机取胜。

(4) 杀吊上网：以杀球配合吊球，若对方还击网前球时，迅速上网搓、勾、推，创造机会大力扣杀。

(5) 守中反攻：以高远球使对方消耗体力，伺机反攻。

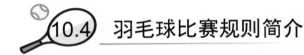

10.4　羽毛球比赛规则简介

10.4.1　场地

羽毛球场地呈长方形，长度为 13.40 米，双打场宽度为 6.1 米，单打场宽度为 5.18 米 (均包括各线宽度)。网中央高度为 1.524 米，两端网高度为 1.55 米。场区内有前发球线，与网平行，此线中点与端线中点连成一条直线，把场区分成左右发球区(在发球和接发球时使用)。场区端线为单打后发球线，离端线前 76 厘米处有一横线为双打后发球线。场地上方有 8 米的空间，场地四周应有 1.25 米的空间。

10.4.2　球拍

球拍的框架，包括拍柄在内，总长度不超过 680 毫米，宽不超过 230 毫米。球拍框为椭圆形，拍框长度不超过 290 毫米。弦面不超过 280 毫米，宽不超过 220 毫米。球拍重 95～120 克(不包括弦的重量)。手握处直径最多不得超过 2.8 厘米。

10.4.3　比赛规则

一场比赛一般采用 3 局 2 胜制。男子单打、男女双打、混合双打每局为 15 分，女子单打每局 11 分。一局结束后交换场地，决胜局得 8 分(女子单打得 6 分)后交换场地。

(1) 单打和双打。除女子单打外，当双方打到 13 平时，先得 13 分的一方有权选择再赛 5 分或按规定打完 15 分。当出现 14 平时，先得 14 分的一方有权选择再赛 3 分或按规定打完 15 分。选择加分后，任何一方先胜 5 分或 3 分则胜此局。女子单打出现 9 平时，先得 9 分的一方有权选择再赛 3 分或按规定赛完 11 分，当打到 10 平时，先得 11 分的一方有权选择再赛 2 分或按规定赛完 11 分。加分后，先得 3 分或 2 分的一方胜此局。

(2) 得分与换发球。发球方胜得分，输球不得分，换由对方发球。接发球方胜只获发球权，不得分。比赛开始挑发球权，第 2、3 局由上一局胜方发球。

(3) 发球方位。单打中发球方分数为零或偶数时，双方均在右发球区发球和接发球。分数为奇数时双方均在左发球区发球和接发球。双打中每方均有两次发球权(除每局开始发球的一方只有一次发球权)。当任何一方发球时，无论由第一或第二发球员发球，均应从右发球区先发球。发球得分，交换方位继续进行，接方位置不变。第一发球员比赛中位置同单打相同，第二发球员位置与之相反。两次发球权失去后，由对方发球。

(4) 重发球。遇下列情况应重发球。

① 发球时虽做了挥拍动作，但未击到球。

② 球过网时停置在网上或过网后挂在网上。

③ 发球方位或顺序错误，在下一次发球前发现而该球是错方胜。

④ 球在飞行时球托与羽毛分离。

⑤ 裁判员未报完分就将球发出。

⑥ 发球时双方同时违例。

⑦ 遇到外界干扰时。

⑧ 裁判员不能作出判决时。

10.4.4 违例与判罚

(1) 脚步移动。发球时，发球者、接发球者均不能移动任何一脚，否则判违例。

(2) 过腰和过手。发球时，击球点必须低于腰部，整个拍框要明显低于握拍手，否则判违例。

(3) 发球员发出的球必须落入规定区域内，否则可判失误。

(4) 踩线。发球时，发球方和接发球方均不得踩在场区的任何一条线上。

(5) 触网。比赛中球未成"死球"前，运动员的球拍、身体的任何部位不得碰网或网柱。

(6) 侵入场区。比赛中球未成"死球"前，运动员的球拍、身体侵入对方场区(无论程度如何)均为违例。

(7) 方位错误。比赛中没有在规定区域发球或接发球，在下一次发球前发现，错方胜球判无效，错方失球判有效，不再纠正方位错误直至该局结束。如果错误在下一次发球后发现，则不论错方胜或负，该球均有效，不纠正方位，直至该局结束。

(8) 连击球。一队员在击球中连续两次击球或双打中两队员各击一次后球过网。

(9) 阻挠犯规。任何一方均不能用球拍或身体阻挠对方击球。

(10) 过网击球。一方将球发出，球未过网时，另一方击球为过网击球。如球拍随击球而过网不算犯规。

10.4.5 比赛的连续性及对不当行为的处罚

(1) 一场比赛应从每一次发球开始连续进行直至整场比赛结束。比赛中只有裁判员有权暂停比赛。但有两种情形除外：第一，每场比赛的第二局与第三局之间，允许有间歇 5分钟的休息时间；第二，比赛中遇到运动员无法控制的情况发生时，裁判员可根据实际需要暂时停止比赛，双方所得分数有效，比赛恢复时从该分数起算。

(2) 下列三种行为发生时，裁判员可给予警告或违例等处罚。

① 运动员为恢复体力或喘息而使比赛中断。

② 比赛进行中，运动员接受场外指导或未经裁判员同意擅自离开场地。

③ 运动员在比赛中故意损坏球，以及有其他任何不利于比赛的行为。

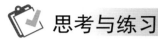 思考与练习

1. 羽毛球运动起源于_____。

2. 握拍法分为_____和_____。

3. _____年英国正式成立羽毛球协会。

4. 列举世界上重大的羽毛球比赛。

5. 简述羽毛球正确的握拍方法。

6. 列举羽毛球发球违规现象(5 例以上)。

第11章 网 球

 本章导读

　　网球是一项优美而激烈的体育运动，网球运动的由来和发展可以用四句话来概括：孕育在法国，诞生在英国，开始普及和形成高潮在美国，现在盛行全世界，被称为世界第二大球类运动。网球通常在两个单打球员或两对组合之间进行。球员在网球场上隔着球网用网球拍击打网球。现代网球运动诞生于19世纪的英国伯明翰。在20世纪，网球在世界各地得到广泛发展，并成为一项世界性的体育运动。最受关注的网球比赛是每年举办的四项网球四大满贯赛事。

11.1　网球运动概述

网球(Tennis)是球类运动项目之一。有效网球运动场地是一个长方形，长度为 23.77 米，单打场地宽度为 8.23 米，双打场地宽度为 10.97 米。中间隔有网，比赛双方各占球场的一方，球员用网球拍击球。

11.1.1　网球的起源

现代网球起源于 19 世纪。1873 年，英国人温菲尔德少校最先对草地网球的玩法做了几条简单的规定，成为网球运动最早的规则。1881 年，英国草地网球协会宣告成立，并制定了一系列的规定，使网球成为一项正式的比赛项目。

11.1.2　网球运动的发展

1877 年在英国温布尔顿举行了第一届草地网球锦标赛。温布尔顿网球赛是历史最悠久的世界网球比赛，已经有 100 余年的历史。目前世界上除了许多国际性的公开赛，最有影响的赛事有英国温布尔顿网球赛、美国公开赛、法国公开赛、澳大利亚公开赛、戴维斯杯男子团体赛、联合会杯女子团体赛，以及年终的大满贯网球赛。

11.2　网球运动基本技术

11.2.1　握拍法

握拍是打网球的第一步，也是十分重要的技术。正确的握拍会使技术动作掌握和提高得更快、更好。握拍的方法可分为东方式握拍法、大陆式握拍法和西方式握拍法。

1. 东方式握拍法

东方式握拍分正手握拍法和反手握拍法。

1) 正手握拍法

动作方法：正手握拍和平时与人握手的姿势十分相似。握拍时将球拍与地面垂直，使拍柄成上平面等部位。由拇指与食指形成"V"字形，虎口放在球拍把手的右上斜面，食指与其余三指分开，握住拍柄。拇指稍弯曲，握住左垂直面。掌根与拍柄下端齐平(见图 11-1)。

2) 反手握拍法

动作方法：反手握拍是在正手握拍的基础上，手沿逆时针方向旋转一个平面。即拇指和食指成"V"字形。虎口在把手的左上斜面(见图 11-2)。其余手法基本与正手相同。

2. 大陆式握拍法

动作方法：由拇指与食指形成的"V"字形虎口放在拍把手的上平面与左上斜面的交

界线上，掌根贴住上平面，与拍柄下端齐，食指与其余 3 个手指稍分开，握住拍柄。

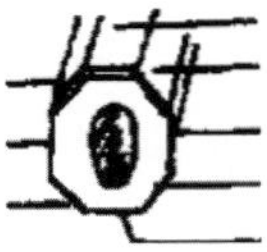

图 11-1

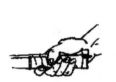

图 11-2

3. 西方式握拍法

动作方法：将球拍平放在地面上，用手抓起来(俗称"一把抓")。拇指和食指形成直角，拇指直伸压住拍柄上平面，食指下关节握住右上斜面，手掌根贴住右下斜面，与拍柄下端平齐。西方式反手握法是在正手的基础上，手腕按顺时针转动，拇指直伸紧压拍子左垂直面，食指下关节压住上平面，手掌根部贴住左上斜面，与柄下端齐。简单来说，就是把拍柄上下平面颠倒过来，正、反手用同一拍面击球。

11.2.2　准备姿势

动作方法：面对对方场区站立，两脚开立略宽于肩。两膝微曲，上体略前倾，脚跟稍抬起，重心置于两脚前脚掌间。右手握拍柄，左手扶着拍颈部位，持拍于体前。两眼注视对手或来球。

11.2.3　正手击球法

正手击球法是网球运动中最主要的打法，也是最可靠的进攻性击球手段。

正手击球的动作方法。在准备姿势中判断来球后，即开始转动上体和肩，同时球拍后拉，重心移到后脚上。向后拉拍时，球拍不要下垂，拍头应高于手腕。击球时，踏出前脚，重心前移，腰部转动带动手臂和球拍，向前挥拍击球，注意绷紧手腕、紧握球拍。击球后，球拍继续向前挥动到左肩前上方，完成挥拍跟球运动(见图 11-3)。

(1) 挥拍练习，体会动作要领。

(2) 自己抛球，待球跳起后进行击球练习。

(3) 对墙击球进行练习。

(4) 两人一组，一人送球，一人正手击球进行练习。

(5) 两人正手击球对练。可进行斜线、直线练习。

(6) 正手击球斜、直线结合练习。

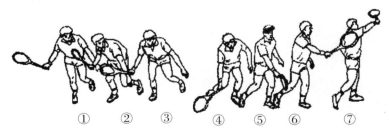

①　　②　　③　　　④　　⑤　　⑥　　　⑦

图 11-3

11.2.4　反手击球法

1. 反拍上旋球

动作方法：击球前将拍改为东方式反手握法。身体向左侧转体，重心在后脚上。球拍后摆，拍头略低，击球时右脚向前跨步，转腰带动上臂，前臂向前上方挥拍，手腕绷紧，握紧球拍，击球后继续向上做随挥动作，至右肩前上方。

2. 反拍下旋球

动作方法：反拍下旋球时采用大陆式握法。球拍后摆时拍头向上翘起，击球时向前向下挥拍，拍面略仰，手腕绷紧，重心随挥拍向前移，击球后手臂继续向前做随势动作(见图 11-4)。

3. 双手反拍

动作方法：双手反拍击球时采用右手反拍握法，左手用正拍握法，转动身体向左后拉拍，拍略低于来球。击球时右脚跨步向前，重心前移，转腰带动双手挥拍向前向上，在腰部高度、膝部前击球。击球后随势挥拍，在左肩前上方结束(见图 11-5)。

4. 反拍击球练习方法

(1) 挥拍练习，体会动作要领。
(2) 自己抛球落地弹起后击出。
(3) 对墙击球。
(4) 一人送球，另一人反拍击球。
(5) 两人一组反拍击球对练。
(6) 各种线路的结合练习。

图 11-4　　　　　　　　　　　　　　图 11-5

11.2.5　发球

发球是一种主要技术，良好的发球方式可直接得分或为争取主动创造条件。

1. 发球的基本要求

(1) 正确的站位：在端线后两脚开立与肩同宽，前脚与端线成 45°角，身体侧对球网，重心在后脚上。

(2) 持球与抛球：持球时，可手持两个球或一个球。用拇指和另外两三个手指的顶部拿着将要发的球。抛球时手臂向身体的右前上方直臂抬起，到肩部与头部之间位置时撒手将球推向空中，尽量使球垂直上抛，球落下时在身体前脚的右前方，不要在头顶上。

(3) 引拍和击球：当抛球手向上时，握拍手也应该向后上方运动，为击球做好准备，如两手配合不协调时，可采用"计数"法。先把球和球拍都放在齐胸处，数"一"时，双手往下放；数"二"时两手往上，但抛球手在前，持拍手在身后；数"三"时击球。击球的高度在身体和握拍手臂充分伸展时球拍的上部。

2. 切削发球

动作方法：采用反手握拍法。站在端线后 7～10 厘米处。身体侧对球网。发球时，将球和球拍置于与胸同高，抛球时，球拍引在背后，肘关节抬起，身体向后屈。当球拍从后向前上方挥动时，要加快手臂挥拍速度，同时身体充分伸展，在最高点击球。击球瞬间手腕向前扣击，拍面从球的后部向边上擦击，使球产生旋转后，球拍向前下左侧落下，重心前移，向前上步。

3. 平击发球

动作方法：平击发球时要尽可能地用力击球。动作方法基本同切削发球，只是在击球时的一刹那间，拍面不绕球切削，而是正对球的后部，用力击打。要充分利用身体、手臂的力量，以及身体重心向前的力量。

4. 发球的练习方法

(1) 原地徒手做抛球、挥拍练习。
(2) 持球做向上抛球练习。
(3) 多球练习发球。
(4) 不同落点的发球练习。
(5) 不同力量和旋转的发球练习。

11.2.6　截击球

截击技术是单、双打比赛中网前取得成功的关键，是一项不可缺少的技术。

1. 正拍截击

动作方法：准备时膝盖要弯曲，重心稍前，球拍在身前。采用大陆式握拍法。击球前，必须转动上体和肩部，带动球拍向后；击球时，握紧球拍，绷紧手腕，在身体前面15～50 厘米处击球。拍头上翘，拍面稍向后仰，向前向下挥拍击球(见图 11-6)。

2. 反拍截击

动作方法：击球时要转肩使上身和球飞来的路线呈平等方向，同时球拍后摆至肩部，拍头向上。击球时拍向前做简短的撞击动作，在身体前面击球。拍触球时，手腕绷紧，握紧球拍(见图 11-7)。

3. 截击球的练习方法

① 正、反拍截击球挥拍练习。
② 对墙近距离击空中球。
③ 两人一组在网前练截击球。

④ 两人一组，一人在网前练习截击，另一人在底线抽球。

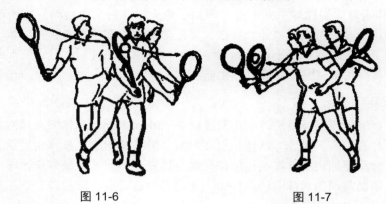

图 11-6　　　　　　　　　　　　图 11-7

11.2.7　高压球

高压球是将对方挑出的防御性的高球凌空或落点弹起后向前下打出，绝大多数高压球采用正拍击球法。

(1) 凌空高压球的动作方法：侧身对网，移动到球下落的稍后方。准备击球时在身前举起球拍，然后球拍后引至肩后。击球时，前臂将拍向上挥动，整个手臂伸直，触球时手腕用力下压，拍面向下。

(2) 练习方法。

① 徒手挥拍练习。

② 一人送高球，另一人练习高压球。

③ 一人在底线挑高球，另一人练习高压球。

④ 不同落点的高压球练习。

11.2.8　挑高球

挑高球可分为防守性和进攻性两种类型。防守性挑高球是为了赢得时间，摆脱困境。进攻性挑高球是在对方上网时，将球挑到对方后场较深处，使之被动或失误。

(1) 挑高球动作方法：准备时将球拍做充分的后摆。击球时向前上挥拍，打球的下部，手腕绷紧，挥拍动作要尽可能向前向上送出。

(2) 练习方法。

① 徒手挥拍练习。

② 自抛球自挑高球练习。

③ 两人挑高球练习。

④ 一人挑高球一人高压球或抽球。

11.2.9　放小球

(1) 动作方法：反拍放小球动作与反拍下旋球相似，但在触球时，球拍向下用力较多，以减少球的前冲力。同时体会拍面绕转的感觉。

(2) 练习方法。

① 徒手挥拍练习。

② 一人送中场球，一人放小球练习。

③ 在两人反拍底线球练习中练习放小球。

 11.3 **网球运动基本战术**

11.3.1　战术的指导思想

(1) "稳"字当头。比赛中，要有耐心，击球要稳，不要滥用自己还不熟悉的打法或想一下把对方置于死地的冒险球。因为这样打球所付出的代价比收获的大。一般击球落点在距边线 60 厘米以内的区域。

(2) 把球打深。无论进攻型或防守型的选手，都应遵循一个原则：把球打深。球的落点在离端线 60～90 厘米处，以使自己有充裕的时间对回击作出反应，并能阻止对方上网，以及缩减对方回球的角度。

(3) 争取上网截击。上网截击可以使自己的击球范围增大，让对方疲于应付或发生失误，同时还可以提高回球速度，使对方来不及调整位置接球。

11.3.2　单打战术和打法

(1) 发球。发球时发出质量较高的球，使对方的回球不至于力量太凶猛或落点太刁钻。自己应果断地上网，移动到发球线与网之间，这样利于发挥速度和角度的优势造成对方失误。如果机会不是很好，第一次截击可将球打深，落点在对方的弱侧，以第一次截击得分。

(2) 底线打法。底线打法首先要将球打深，球落在端线前而不是发球线附近。同时利用落点调动对方，或者抓住对方的弱点作为突破。在有机会的情况下也可上网截击。

(3) 综合打法。根据对手的情况，采用不同的打法。如对方频频上网，可采用挑高球迫使他退回去；如对方底线技术很好，可适当放一些小球诱使他上前，再用力将球打深来调动他。综合打法就是将底线和上网两种打法结合起来，根据场上情况，随机应变。

11.3.3　双打战术

双打是业余网球比赛的主要项目，双打对体力要求较低，适合各种年龄层次的人参加。

(1) 双打的站位。双打比赛，一般是控制网前的队赢分。发球员和接球员都应做好击球后上网的准备。

双打时一般应让技术水平较高的选手站在左区。或者由正拍技术较好的选手站在右区，反拍技术较好的选手站在左区。发球和接发球时的站位一般是发球员(A)站在中点与单打线的中间，发球员的同伴(B)站在发球线和球网之间，并稍偏向单打边线些。接球员(C)站在右区端线靠近单打线处，接球员(D)站在发球线前边，略靠近中线。

(2) 双打的配合。双打要求两个队员配合得像一个人，如此才能发挥出最好水平。比赛中两人相互间的距离不能拉开 3.5 米以上，以利于并肩战斗。当同伴移动到自己区域截击时，自己应迅速补位；当同伴退到底线接高球时，自己也不应继续留在网前，而应后退，使两人处于最佳防守位置。当对方上网时，自己可以挑进攻性高球，迫使对方退回后场。

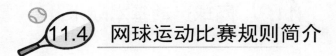

11.4 网球运动比赛规则简介

1. 选择

第一局比赛开始以掷钱币的方法来决定选择权。

(1) 选择发球或接发球，对方选择场区。

(2) 选择场区，对方选择发球和接发球。

2. 发球

发球员在发球前，应先站在端线后中点和边线的假定延长线之间的区域里，然后用手将球向空中抛起，在球接触地面以前用球拍击球，为合法发球。若抛球后又决定不击球而将球用手接住，不算失误。

3. 脚误

(1) 发球员在整个发球过程中，不得通过行走或跑动改变原站的位置。发球员如两脚轻微移动而未变更原位，不算行走和跑动。

(2) 两脚只准站在端线后中点和边线的假定延长线之间，不能触及其他区域。

4. 发球员的位置

每局开始时，发球员应先从右区端线后发球，得一分后，应换到左区发球(双分时在右区，单分时在左区)。发出的球，应落在对角的对方发球区内或其周围的线上。

5. 发球失误

(1) 发出的球，在落地前触及固定物(球网、中心带、网边白布除外)。

(2) 未击中球。

6. 第二次发球

发球员第一次发球失误后，应在原发球位置第二次发球。

7. 重发球

合法的发球触及球网、中心带、网边白布仍落在对方发球区内，或发球触及球网、中心带、网边白布后，在落地前触及接球员身体或其穿戴物。

8. 发球次序

一局比赛终了，接球员成为发球员，发球员成为接球员。以后每局结束，均依次交换。

9. 交换场地

双方在每盘的单数局结束后，以及每盘结束双方局数之和为单数时交换场地。

10. 发球员得分

发出的球在落地前触及接球员的身体与穿戴物。

11. 接球员得分

出现下列任何一种问题，均判失分。

(1) 在球第二次着地前未能还击过网。

(2) 还击的球触及对方场区界线以外的地面、固定物或其他对象。

(3) 还击空中球失败(场外空中球也算)。

(4) 比赛中故意用球拍拖带或接球，或故意用球拍触球超过一次。

(5) "活球"期间，运动员的身体、球拍及其他任何对象触及球网、网柱或对方场区等。

(6) 来球尚未过网即在空中还击。

(7) 运动员球拍以外的任何部位触球。

(8) 抛拍击球。

12. 胜 1 局

运动员每胜 1 球得 1 分，先得 4 分胜 1 局。双方各得 3 分时，为"平分"，"平分"后，一方先得 1 分时，为"该运动员占先"。"占先"后再得 1 分，就胜 1 局。即净胜 2 分才算该局结束。

13. 胜 1 盘

(1) 一方先胜 6 局为胜 1 盘。如双方各胜 5 局时，一方必须净胜两局为胜 1 盘。

(2) 当双方各胜 6 局时，可用平局决胜制来决定，先得 7 分者为胜该局及该盘。

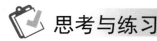
思考与练习

(1~3 题为判断题)

1. 网球有白色和黄色两种。　　　　　　　　　　　　　　　　　　　　　(　)

2. 发球时，运动员可以通过行走或跑动改变原来的位置。　　　　　　　　(　)

3. 比赛中，运动员可以过网击球。　　　　　　　　　　　　　　　　　　(　)

4. 简述网球战术的指导思想。

5. 简述网球的起源。

6. 简述网球运动的发展历史。

第 12 章 武 术

本章导读

　　武术是一种传承于古代军事战争的技术。习武可以强身健体，也可以防御敌人进攻。习武之人以"制止侵袭"为技术导向。武术是引领修习者进入认识人与自然、社会客观规律的传统教化(武化)方式，是人类物质文明的导向和保障，是当代传统武学艺术的一种展示。

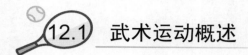

12.1 武术运动概述

武术，拥有消弭战事、维护和平的功能。作为中华民族炎黄子孙的生存技能，中国传统武术伴随着中国历史与文明发展，走过了几千年的风雨历程，成为维系这个民族生存和发展的魂和承载中华儿女基因构成的魄。止戈为武。武，是拥有维护自身安全和权益的实力。我们修习武术，是让我们从身到心、由魂而魄得到提升而充满安全感，精壮神足，具有安然自胜的实力。这是中华民族历代沉淀而成的、安魂守魄的法宝。

12.1.1 武术的特点

中华武术源远流长。武术是我国劳动人民在长期的社会实践中创造和发展起来的一项以技术动作为主要内容，以套路、格斗、功法为运动形式，注重内外兼修，具有独特民族风格的传统体育项目。其内容、形式和流派丰富多彩。其主要的形式是套路运动和对抗运动。套路有长有短、有刚有柔、有单练有对练、有徒手有器械，风格不同，各具特色。对抗运动有散打、推手和短兵等项目。

12.1.2 武术的锻炼价值

经常练习武术，既可增强体质，防治疾病，健体防身，发展人体柔韧、灵敏、协调、力量、速度、耐力等素质，又能培养机智灵活、勇敢无畏、坚韧不拔的意志品质，以及尊师重道、讲礼守信、严于律己、宽以待人的良好心理素质和高尚的道德情操。武术动作攻防结合，复杂多样。武术锻炼能改善大脑皮质各中枢间的协调关系，提高神经系统的功能。武术强调内外合一，形神兼备。"内"是指心、神、意等心智活动和气息的运行；"外"是指手、眼、身、步等外在的形体活动。这种既讲形体规范，又要求传神达意的练功方法，不仅能够利关节、强筋骨、壮体魄，而且能够理脏腑、通经脉、调精神，尤其对慢性疾病有良好的医疗保健作用，使身心得到全面的锻炼。武术运动还有广泛的适应性，不受时间、季节、场地和器材的限制，可供不同年龄、性别、体质、爱好和需要的人自由选择锻炼，是适合学生终身进行身体锻炼的健康手段。

12.2 武术基本功

武术基本功仅以长拳类的基本功练习方法为主，可将武术基本功分为肩功、腰功、腿功、手型、手法、步型、步法、跳跃、平衡、跌扑滚翻和组合动作进行教学。武术基本功是初学者的入门功夫，更是武术教学的基础和关键。

12.2.1 武术基本动作

基本功和基本动作内容很多，本节只选择一些重点加以介绍。

1. 手型、手法

手型、手法是上肢动作的基础。

1) 手型

(1) 拳。四指并拢卷握，拇指紧扣食指和中指的第二指节，拳面要平，手腕要直。拳眼向上为立拳，拳心向下为平拳(见图 12-1(a))。

(2) 掌。四指并拢伸直，拇指弯曲紧扣于虎口处或外展成八字掌(见图 12-1(b))。

(3) 勾。五指第一指节捏拢在一起，屈腕(见图 12-1(c))。

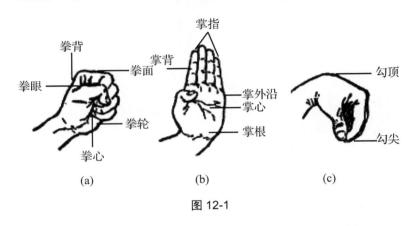

图 12-1

2) 手法

(1) 原地冲拳。

预备姿势：两脚左右开立，略宽于肩；两手握拳抱于腰间，拳心向上；肘关节向后加夹臂，挺胸，直腰，目平视前方(见图 12-2(a))。

动作说明：右拳向前冲出，拳心向下，高与肩平，眼视右拳(见图 12-2(b))。继而，左拳向前冲出，同时右拳收抱于腰间。

动作过程要点：挺胸、收腹、拧腰、顺肩、急旋前臂，出拳快速有力，动作要有寸劲(即爆发力)。

图 12-2

(2) 原地推掌。

预备姿势：同原地冲拳。

动作说明：右拳变掌，指尖朝前，前臂内旋，并以掌根为发力点向前猛力推击。推击时臂伸直，高与肩平，同时左肘向后引伸(见图12-3)。

动作过程要点：挺胸、收腹、拧腰、顺肩、沉腕、翻掌，动作要有寸劲。

图 12-3

2. 步型、步法

步型、步法是下肢动作的基础。

1) 步型

(1) 弓步。

动作说明：左脚向前方跨出一大步(约四脚长)，前脚尖微内扣，左腿屈膝半蹲(大腿接近水平)，膝与脚尖垂直。后腿挺，膝伸直，脚尖内扣，斜向前方。两脚全脚掌着地，两拳抱于腰间，上体正对前方，眼向前平视(见图12-4)。

动作过程要点：前腿弓，后腿绷，挺胸，塌腰，沉髋。

(2) 马步。

动作说明：两脚平行开立(约本人脚长的 3 倍)，脚尖正对前方，屈膝半蹲，大腿接近水平，全脚掌着地，脚尖微内扣，身体重心落于两腿之间，两拳抱于腰间(见图12-5)。

动作过程要点：挺胸，塌腰，脚尖朝前，脚跟外蹬。

(3) 虚步。

动作说明：两脚前后开立，后脚外展 45°，屈膝半蹲，重心落于后腿；前腿微屈，脚背绷紧，脚尖稍内扣，虚点地面；两手扶腰或抱拳于腰间，眼平视前方(见图12-6)。左脚在前为左虚步，右脚在前为右虚步。

动作过程要点：挺胸，塌腰，动作虚实分明。

图 12-4　　　　　　　图 12-5　　　　　　　图 12-6

(4) 仆步。

动作说明：两脚左右开立，略宽于马步，一腿屈膝全蹲，全脚掌着地，脚尖内扣稍外展(约 45°)；另一腿伸直平仆，全脚掌着地，脚尖内扣；上体微向仆腿侧转并前倾，眼向仆腿方向平视(见图 12-7)。仆左腿为左仆步，仆右腿为右仆步。

动作过程要点：挺胸，塌腰，开胯，上体微前倾。

图 12-7

(5) 歇步。

动作说明：两腿交叉靠拢全蹲，前脚尖外展，全脚掌着地；后腿膝部贴近前腿外侧，前脚掌着地；臀部坐于后腿接近脚跟处(见图 12-8)。左脚在前为左歇步，右脚在前为右歇步。

动作过程要点：前脚尖外展，挺胸，塌腰，两腿靠拢并贴紧。

图 12-8

2) 压腿与踢腿

(1) 压腿，包括正压腿、侧压腿、后压腿、仆步压腿、劈叉(见图 12-9)。

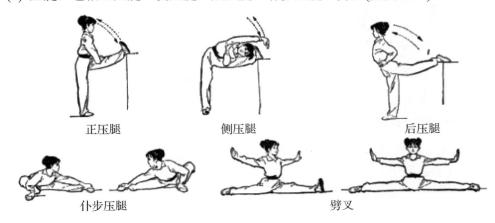

正压腿　　　　侧压腿　　　　后压腿

仆步压腿　　　　劈叉

图 12-9

(2) 踢腿，包括正踢腿、侧踢腿、里合腿、外摆腿、弹腿、蹬腿、侧踹腿、扫腿(见图 12-10)。

图 12-10

3) 腰功

腰功，包括俯腰、下腰、甩腰、涮腰(见图 12-11)。

图 12-11

12.2.2 武术基本动作的组合练习——五步拳

(1) 预备姿势：并步抱拳，头向左转，眼看左前方(见图 12-12)。

(2) 弓步冲拳：左弓步同时左手向左平搂收至腰间，右拳前冲成平拳，目视前方(见图 12-13)。

(3) 弹踢冲拳：右腿弹踢同时左拳前冲成平拳，右拳收回腰间，目视前方(见图 12-14)。

(4) 马步架打：右脚落地，身体左转成马步，同时左拳变掌上架，右掌向右冲成平拳(见图 12-15)。

图 12-12　　　　　　　图 12-13　　　　　　　图 12-14　　　　　　　图 12-15

(5) 歇步盖打：左脚向右脚后插一步，同时右拳变掌经头上向左下盖，左掌收回腰间抱拳。两腿屈膝下蹲成歇步左冲拳(见图 12-16)。

(6) 提膝仆步穿掌：起立左转双手变掌，右掌由左手背上穿出，同时左腿提膝，左手顺势收至右腋下，目视右手。左腿落地成左仆步，左手掌指朝前沿左腿内侧穿出，目视左掌(见图 12-17)。

(7) 虚步挑掌：转身成右虚步挑掌，左勾手略高于肩，右掌掌指向上高于肩(见图 12-18 左)。

(8) 收势：两脚靠拢，并步抱拳(见图 12-18 右)。

图 12-16　　　　　　　图 12-17　　　　　　　图 12-18

12.3　武 术 套 路

武术套路就是一连串含有技击和攻防含义的动作组合，是以技击动作为素材，以攻守进退、动静疾徐、刚柔虚实等矛盾运动的变化规律编成的整套练习形式，又被称为"套路运动"。套路是中国武术中的一种独特形式，也是区别于其他武术的一大技术特征。

12.3.1 简化太极拳

1. 动作名称

第一组：①起势；②左右野马分鬃；③白鹤亮翅。

第二组：④左右搂膝拗步；⑤手挥琵琶；⑥左右倒卷肱。

第三组：⑦左揽雀尾；⑧右揽雀尾。

第四组：⑨单鞭；⑩云手；⑪单鞭。

第五组：⑫高探马；⑬右蹬脚；⑭双峰贯耳。

第六组：⑮转身左蹬脚；⑯左下势独立；⑰右下势独立。

第七组：⑱左右穿梭；⑲海底针；⑳闪通臂。

第八组：㉑转身搬拦捶；㉒如封似闭；㉓十字手；㉔收势。

2. 简化太极拳的动作说明

预备姿势：正立，两臂自然下垂，全身放松，舌抵上腭，双目平视，精神集中，呼吸均匀。

1) 起势

身体自然站立，两脚开立，与肩同宽，脚尖向前；两臂自然下垂，两手放在大腿外侧，眼向前平看；两臂慢慢向前平举，两手高与肩平，与肩同宽手心向下；上体保持正直，两腿屈膝下蹲，同时两掌轻轻下按，两肘下垂与两膝相对，眼平看前方。相关动作如图 12-19 所示。

1   2   3   4

图 12-19

2) 左右野马分鬃

(1) 上体微向右转，身体重心移至右腿，同时右臂收在胸前平屈，手心向下，左手经体前向右下画弧放在右手下，手心向上，两手心相对成抱球状；左脚随即收到右脚内侧，脚尖点地眼看右手；上体左转，左脚向左前方迈出，右脚跟后蹬成左弓步，同时左右手慢慢分别向左上右下分开，左手高与眼平(手心斜向上)，肘微屈，右手落于右胯前，眼看左手。相关动作如图 12-20 中的 5～8 所示。

(2) 上体慢慢后坐，重心移至右腿上，左脚尖翘起微向外撇，随即左脚慢慢前弓，身体左转，重心再移至左腿上，同时左手翻转向下，收在胸前平屈，右手向左上画弧放在左手下，两手心相对成抱球状，右脚随之收到左脚内侧脚尖点地；眼看左手，右脚向右前方迈出，左脚跟后蹬成右弓步；同时左右手分别慢慢向左下右上分开，手高与眼平(手心斜向上)，肘微屈；左手放于左胯旁，手心向下，指尖向前，眼看右手。相关动作如图 12-20 中的 9～12 所示。

(3) 与(2)相同，唯方向相反，如图 12-20 中的 13～19 所示。

图 12-20

3) 白鹤亮翅

上体微向左转，左手翻掌向下，左臂平屈胸前，右手向左上画弧，手心转向上，与左手成抱球状，眼看左手；右脚跟进半步，上体后坐，重心移至右腿上；左脚稍向前移，脚尖点地，同时两手慢慢地分别向右上左下分开，右手上提停于头部右侧(偏前)，手心向左后方，左手落于左胯前，手心向下；眼平看前方。相关动作如图 12-21 所示。

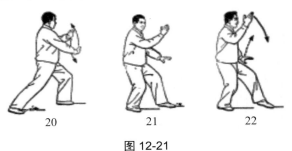

图 12-21

4）左右搂膝拗步

（1）右手从体前下落，由下向后上方画弧至右肩外侧，肘微屈，手与耳同高，手心斜向上，左手由左下向上，向右后方画弧至右胸前，手心斜向下；同时上体先微向左再向右转；左脚至右脚内侧，脚尖点地，眼看右手。相关动作如图 12-22 中的 23～26 所示。

（2）上体左转，左脚向前(偏左)迈出成左弓步；同时右手屈回由耳侧向前推出，高与鼻尖平，左手向下由左膝前搂过落于左胯旁，指尖向前；眼看右手手指。相关动作如图 12-22 中的 27～30 所示。

（3）上体慢慢后坐，重心移至右脚上，左脚尖翘起微向外撇，随即左腿慢慢前弓，身体左转，重心移至左腿上，右腿靠拢，脚尖点地，同时左手向外翻掌由左后向上平举，手心斜向上，右手随转体向上向左下画弧落于左胸前，手心向下，眼看左手。相关动作如图 12-22 中的 31～34 所示。

（4）动作基本与(1)、(2)相同，只是方向相反，如图 12-22 中的 35～37 所示。

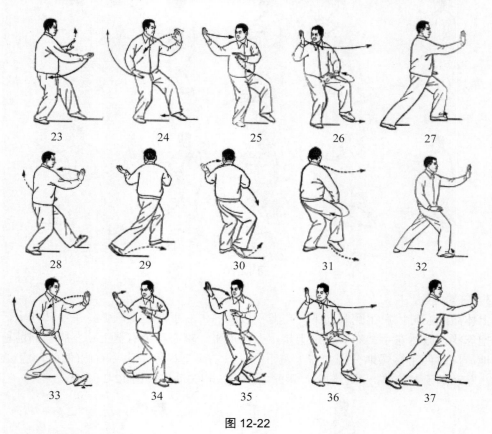

23　　24　　25　　26　　27

28　　29　　30　　31　　32

33　　34　　35　　36　　37

图 12-22

5）手挥琵琶

右脚跟进半步，上体后坐，身体重心移至右腿上，左脚略提起稍向前移，变成左虚步，脚尖着地，膝部微屈，同时左手由左下向上举，高与鼻尖平，臂微屈，右手收回放在左臂肘部里侧，眼看左手食指。相关动作如图 12-23 所示。

图 12-23

6) 左右倒卷肱

(1) 上体右转，右手翻掌(手心向上)经腹前由下向后上方画弧平举，臂微屈，左手随即翻掌，掌心向上；眼的视线随着向右转体先向右看，再转向前方看左手；右臂屈肘折向前，右手由耳侧向前推出，手心向前，左臂屈肘后撤，手心向上，撤至左肋外侧，同时左腿轻轻提起向后(偏左)退一步，脚掌先着地，然后全脚慢慢踏实，身体重心移至左腿上成右虚步，右脚随转体以脚掌为轴扭正，眼看右手。相关动作如图 12-24 中的 41～44 所示。

(2) 上体微向左转，同时左手随转体向后上方画弧平举手心向上，右手随即翻掌，掌心向上，眼随转体先向左看，再转向前方看右手。相关动作如图 12-24 中的 45～48 所示。

(3) 动作基本与(1)、(2)相同，只是方向相反，如图 12-24 中的 49～53 所示。

图 12-24

7) 左揽雀尾

(1) 上体微向右转，同时右手随转体向后上方画弧平举，手心向上，左手放松，手心向下，眼看左手。相关动作如图 12-25 中的 54 所示。

(2) 身体继续向右转，左手自然下落逐渐翻掌经腹前画弧至右肋前，手心向上；右臂屈肘，手心转向下，收至右胸前，两手相对成抱球状；同时身体重心落在右腿上，左脚收到右脚内侧，脚尖点地，眼看右手。相关动作如图 12-25 中的 55～56 所示。

(3) 上体微向左转，左脚向前方迈出，上体继续向左转，右脚自然蹬直，左腿屈膝，成左弓步，同时左臂向左前方推出(即左臂平屈成弓形，用前臂外侧和手背向前推出)，高与肩平，手心向后，右手向右下落放于右胯旁，手心向上，指尖向前，眼看左前臂。相关动作如图 12-25 中的 57～58 所示。

(4) 上体向左转，右手随即前伸翻掌向下，右手翻掌向下后向上，经腹前向上、向前伸至左前臂下方，然后左手下捋，即上体向右转，两手经腹前右后方画弧，直至右手心向下，高与肩平，左臂平屈于胸前，手心向后，同时身体重心移至右腿，眼看右方。相关动作如图 12-25 中的 59～60 所示。

(5) 身体微向左转，右臂屈肘折回，右手附于左手腕里侧(相距 5 厘米)，上体继续向左转，双手慢慢向前推出，左手心向后，右手心向前，左前臂要保持半圆，同时身体重心逐渐前移变成左弓步，眼看左手腕部。相关动作如图 12-25 中的 61～63 所示。

(6) 手翻掌，手心向下，右手经左腕上方向前、向右伸出，高与左手齐，手心向下，两手左右分开，宽与肩同，然后右腿屈膝，上体慢慢后坐，身体重心移至右腿上，左脚尖翘起，同时两手屈肘回收至腹前，手心均向前下方，眼向前平看。相关动作如图 12-25 中的 64～65 所示。

(7) 上式不停，身体重心慢慢前移，同时双手向前、向上按出，掌向前；左腿前弓成左弓步，目视前方。相关动作如图 12-25 中的 66 所示。

54　　55　　56　　57　　58

59　　60　　61　　62　　63

64　　65　　66

图 12-25

8) 右揽雀尾

(1) 上体后坐并向右移，身体重心移至右腿，左脚尖里扣；右手向右平行画弧至右侧，然后由右下经腹前向左上画弧至左肋前，手心向上，左臂平屈胸前，左手掌向下与右手成抱球状，同时身体重心再移至左腿上，右脚收至左脚内侧，脚尖点地，眼看左手。相关动作如图 12-26 中的 67～70 所示。

(2) 动作基本与"左揽雀尾"的(3)相同，只是左右相反，如图 12-26 中的 71～72 所示。

(3) 动作基本与"左揽雀尾"的(4)相同，只是左右相反，如图 12-26 中的 73～74 所示。

(4) 动作基本与"左揽雀尾"的(5)相同，只是左右相反，如图 12-26 中的 75～77 所示。

(5) 动作基本与"左揽雀尾"的(6)相同，只是左右相反，如图 12-26 中的 78～79 所示。

(6) 动作基本与"左揽雀尾"的(7)相同，只是左右相反，如图 12-26 中的 80 所示。

图 12-26

9) 单鞭

(1) 上体后坐，重心逐渐移至左腿，左臂举于左侧，右手经腹前运至左肋前(右手心向上，左手心向后上方)，眼看左手。相关动作如图 12-27 中的 81～82 所示。

(2) 身体重心再渐渐移至右腿上，左脚向右脚靠拢，脚尖点地，同时右手向右手上方画弧至右侧方时变勾手，臂与肩平；左手向下经腹前向右上画弧停于右肩前，手心向后，眼看左手。相关动作如图 12-27 中的 83～84 所示。

(3) 上体微向左转，左脚向左侧方迈出，右脚跟后蹬，成左弓步。在身体重心移向左腿的同时，左掌慢慢翻转向前推出，手心向前，手指与眼齐平，臂微屈，眼看左手。相关动作如图 12-27 中的 85～86 所示。

图 12-27

10) 云手

(1) 重心移至右腿上，身体渐向右转，左脚尖里扣，左手经腹前向右上画弧至肩前，手心斜向后，同时右手变掌，手心向右前；眼看左手。相关动作如图 12-28 中的 87～89 所示。

(2) 上体慢慢左转，身体重心随之逐渐左移；左手由脸前向左侧运转，手心渐渐向左前方；右手由右下经腹前向左上画弧，至左肩前，手心斜向后；同时右脚靠近左脚，成小开立步；眼看右手。相关动作如图 12-28 中的 90～91 所示。

(3) 上体再向右转，同时左手经腹前向右上画弧至右肩前，手心斜向后；右手向右侧运转，手心翻转向右，随之左腿向左横跨一步，眼看左手。相关动作如图 12-28 中的 92～94 所示。

(4) 动作与(2)相同，如图 12-28 中的 95～96 所示。

(5) 动作与(3)相同，如图 12-28 中的 97～99 所示。

(6) 动作与(2)相同，如图 12-28 中的 100～101 所示。

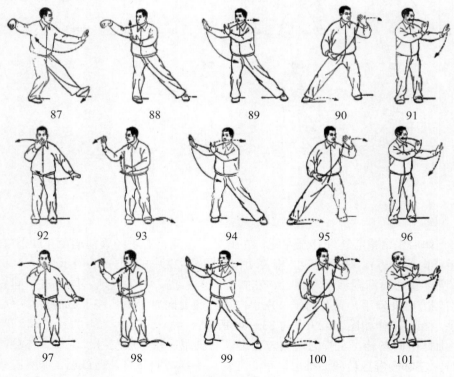

图 12-28

11）单鞭

（1）右手继续向右运转，至右侧方时变成勾手，左手经腹前向上画弧至右肩前，手心向内，眼看左手。相关动作如图 12-29 中的 102～104 所示。

（2）上体微向左转，左脚向侧方迈出，右脚跟后蹬成左弓步。在身体重心移向左腿的同时，左掌慢慢翻转向前推出，成单鞭式。相关动作如图 12-29 中的 105～106 所示。

图 12-29

12）高探马

（1）右脚跟进半步，身体重心逐渐向后移至右腿上；右勾手变成掌，两手心翻转向上，两肘微屈；同时微向右转，左脚跟渐渐离地；眼看左前方。相关动作如图 12-30 中的 107 所示。

（2）上体向左转，面向前方；右掌经右耳旁向前推出，手心向前，手指与眼同高；左手收至左侧腰前，手心向上；同时左脚微向前移，脚尖点地，成左虚步；眼看右手。相关动作如图 12-30 中的 108 所示。

图 12-30

13）右蹬脚

（1）左手手心向上，前伸至右手腕背面，两手相互交叉，随即两手分开自两侧向下画弧，手心斜向下；同时左脚提起向左前方进步成左弓步。相关动作如图 12-31 中的 109～111 所示。

（2）由外圈向里圈画弧，两手交叉合抱于胸前，右手在外，手心均向后；同时右脚向左靠拢，脚尖点地，眼平看左前方。相关动作如图 12-31 中的 112 所示。

（3）两臂左右画弧分开平举，肘部微屈，两手手心均向外；同时右腿屈膝提起，右脚向右前方慢慢蹬出，眼看右手。相关动作如图 12-31 中的 113～114 所示。

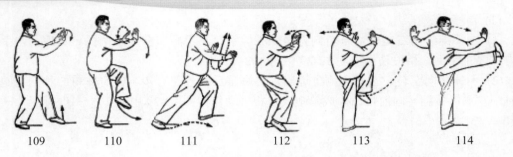

图 12-31

14) 双峰贯耳

(1) 右腿收回屈膝平举，左手由后向上向前下落，右手心也翻转向上，两手同时向下画弧落于右膝两侧，手心均向上。相关动作如图 12-32 中的 115～116 所示。

(2) 右脚向前方落下变成右弓步，同时两手下落，慢慢变拳，分别从两侧向上向前画弧至脸前成钳形状，拳眼都斜向内下，眼看右拳。相关动作如图 12-32 中的 117～118 所示。

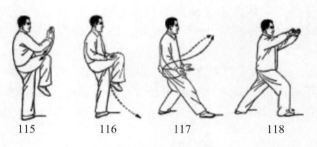

图 12-32

15) 转身左蹬脚

(1) 左脚屈膝后坐，身体重心移至左腿，上体左转，右脚尖里扣；同时两拳变掌，由上向左右画弧分别平举，手心向前，眼看左手。相关动作如图 12-33 中的 119～120 所示。

(2) 身体重心再移至右腿，左腿收到右腿内侧，脚尖点地；同时两手由外圈向里圈画弧合抱于胸前，左手在外，手心均向后；眼平看左方。相关动作如图 12-33 中的 121～122 所示。

(3) 两臂左右画弧分开平举，肘部微屈，手心均向外；同时左腿屈膝提起，左脚向左前方慢慢蹬出，眼看左手。相关动作如图 12-33 中的 123～124 所示。

图 12-33

16) 左下势独立

(1) 左脚收回平屈，右掌变成勾手，然后左掌向上，向右画弧下落，立于右肩前，眼看右手。相关动作如图12-34中的125～126所示。

(2) 右腿慢慢屈膝下蹲，左腿由内左侧伸出，成左仆步，左手下落向左下顺左腿内侧向前穿出，眼看左手。相关动作如图12-34中的127～128所示。

(3) 身体重心前移，左脚跟为轴，脚尖尽量向外撇，左脚前弓，右脚后蹬，右脚尖里扣，上体微向左转并向前起身；同时左臂继续向前伸出，掌心向右前，右勾手下落，勾尖向后，眼看左手。相关动作如图12-34中的129所示。

(4) 右腿慢慢提起平屈，成左独立式；同时右勾手变掌，并由后下方顺后腿外侧向前弧形摆出，屈臂立于后腿上方，肘与膝相对，手心向左；左手落于胯旁，手心向下，指尖向前，眼看右手。相关动作如图12-34中的130～131所示。

图 12-34

17) 右下势独立

(1) 右脚下落于左脚前，脚掌着地，然后以左脚掌为轴向左转体。同时左手向后平举变成勾手，右掌随着转体向左侧画弧，立于左肩前，眼看左手。相关动作如图12-35中的132～133所示。

(2) 动作基本与"左下势独立"的(2)相同，将左变右即可，如图12-35中的134～135所示。

(3) 动作基本与"左下势独立"的(3)相同，将左变右即可，如图12-35中的136所示。

(4) 动作基本与"左下势独立"的(4)相同，将左变右即可，如图12-35中的137～138所示。

18) 左右穿梭

(1) 身体微向左转，左脚向前落地，脚尖外撇，后脚跟离地，两脚屈膝成半坐盘式；同时两手在前胸前成抱球状，然后右脚收到左脚的内侧，脚尖点地，眼看左前臂。相关动作如图12-36中的139～141所示。

(2) 右脚向右前方迈出成弓步，同时右手由面前上举并翻掌停在右额前，手心斜向上；左手先向左下再经体侧推出，高与鼻尖平，手心向前，眼看左手。相关动作如图 12-36 中的 142～144 所示。

图 12-35

(3) 身体重心略向后移，左脚尖稍向外撇，随即重心再移至右脚上，左脚跟上，附于右脚内侧，脚尖点地，同时两手在右胸前成抱球状，眼看右前臂。相关动作如图 12-36 中的 145～146 所示。

(4) 动作与(2)相同，但左右相反，如图 12-36 中的 147～149 所示。

图 12-36

19) 十字手

屈膝后坐，身体重心移至右腿，左脚尖里扣，向右转体，右手随着转体动作向右平摆画弧，与左手成两臂侧平举，掌心向前，肘部微屈，同时右脚尖随着转体稍向外撇，成右弓步，眼看右手；身体重心慢慢移至左腿，右脚尖里扣，随即向左收回，两脚距离与肩同宽，两脚逐渐蹬直，成开立步，同时两手向下经腹前向前上画弧交叉合抱于胸前，两臂撑圆，腕高与肩平，右手在外，成十字手，手心均向后，眼看前方。相关动作如图 12-37 所示。

图 12-37

20) 收势

两手外翻掌，手心向下，两臂慢慢下落，停于身体两侧，如图 12-38 所示。

图 12-38

12.3.2　初级剑术

1. 动作名称

(1) 预备动作：预备势。

(2) 四段动作。

第一段：①弓步直刺；②回身后劈；③弓步平抹；④弓步左撩；⑤提膝平斩；⑥回身下刺；⑦挂剑直刺；⑧虚步架剑。

第二段：①虚步平劈；②弓步下劈；③带剑前点；④提膝下截；⑤提膝直刺；⑥回身平崩；⑦歇步下劈；⑧提膝下点。

第三段：①并步直刺；②弓步上挑；③歇步下劈；④右截腕；⑤左截腕；⑥跃步上挑；⑦仆步下压；⑧提膝直刺。

第四段：①弓步平劈；②回身后撩；③歇步上崩；④弓步斜削；⑤进步左撩；⑥进步右撩；⑦坐盘反撩；⑧转身云剑。

(3) 结束动作：收势。

2. 初级剑术的动作说明(以女子为例)

预备势如图12-39所示。

图 12-39

第一段动作如图 12-40 所示。

1. 弓步直刺   2. 回身后劈   3. 弓步平抹   4. 弓步左撩

5. 提膝平斩   6. 回身下刺

7. 挂剑直刺   8. 虚步架剑

图 12-40

第二段动作如图 12-41 所示。

1. 虚步平劈　　2. 弓步下劈　　　　3. 带剑前点

4. 提膝下截　　　　　　5. 提膝直刺

6. 回身平崩　　　7. 歇步下劈　　　8. 提膝下点

图 12-41

第三段动作如图 12-42 所示。

1. 并步直刺　　2. 弓步上挑　　3. 歇步下劈　　4. 右截腕

5. 左截腕　　　6. 跃步上挑　　7. 仆步下压　　8. 提膝直刺

图 12-42

第四段动作如图 12-43 所示。

1. 弓步平劈   2. 回身后撩   3. 歇步上崩

4. 弓步斜削   5. 进步左撩   6. 进步右撩

7. 坐盘反撩   8. 转身云剑

图 12-43

收势如图 12-44 所示。

图 12-44

12.3.3　八段锦

1. 动作说明

预备势：顶天立地桩(见图 12-45)。

第一段：双手托天理三焦(见图 12-46)。

图 12-45　　　　　　　　　　　　　图 12-46

第二段：左右开弓射大雕(见图 12-47)。

图 12-47

第三段：调理脾胃需单举(见图 12-48)。

图 12-48

第四段：五劳七伤往后瞧(见图 12-49)。

图 12-49

第五段：摇头摆尾去心火(见图 12-50)。

图 12-50

第六段：两手攀足固肾腰(强肾健脾，见图 12-51)。

图 12-51

第七段：攒拳怒目增气力(见图 12-52)。

图 12-52

第八段：背后七颠百病消(见图 12-53)。

图 12-53

2. 要求

全身松紧适度，呼吸自然，神聚于眼；动作舒展大方，刚柔相济。

3. 练习方法

①对照图模仿动作练习。②面对镜子进行练习。③全套动作练习。

4. 课外练习

①自然柔和地呼吸六次。②用鼻吸气、用口呼气六次。③在吸气(呼气)后，稍停顿闭气，再呼气(吸气)。

12.4　武术规则简介

随着武术事业的发展，武术不仅已成为我国体育运动竞赛的项目之一，而且成为亚运会的正式比赛项目。国际上逐步地开展了武术竞赛活动，促使武术竞赛的组织和裁判更加向正规化、科学化发展。

12.4.1　场地和时间

武术比赛的场地、时间有严格的规定。场地采用长方形(自选或规定套路比赛)，长度为 14 米，宽度为 8 米，而且长方形外至少有 1.5～2 米的无障碍空间。如是国际比赛或国家级非儿童组比赛，时间不得少于 1 分 20 秒，儿童组比赛不得少于 1 分钟，太极拳(42 式)为 5～6 分钟(到 5 分钟时，裁判员鸣哨提示)。

12.4.2　武术竞赛的组织

武术竞赛的组织工作主要是制定竞赛规程，成立竞赛组织机构，落实各项竞赛事宜，组织裁判队伍等。

1. 制定竞赛规程

竞赛规程是整个竞赛规则的依据，对竞赛组织者和参加者具有指导性。竞赛规程一般包括下列内容：竞赛名称；竞赛的主办单位和承办单位；竞赛日期和地点；参加单位和参加方法；竞赛的性质、办法、项目、报名与报到、录取名次与奖励方法；裁判员和仲裁委员；等等。

2. 裁判员队伍

裁判人员的组成：裁判人员主要由主办单位确定。通常设总裁判长 1 人，副总裁判长 1～3 人，每裁判组设裁判长 1 人，裁判员 5～7 人，编排记录长 1 人，编排记录员 2～3 人，检录长 1 人，检录员 2～3 人，报告员 1～2 人。

3. 评分方法

(1) 裁判员评分：裁判员根据运动员现场发挥的技术水平，按照各竞赛项目的评分标准，从 10 分中减去各类分值中与技术要求不符的扣分和其他错误的扣分，即为运动员的得分。

(2) 评分的确定：根据评分裁判员的人数，将裁判员评出的最高分与最低分去掉后的有效分的平均值，即为运动员应得分。4 个裁判员评分时，取中间 2 个有效分的平均值；5 个裁判员评分时，取中间 3 个有效分的平均值。

(3) 最后得分的确定：裁判长从应得分数中扣除裁判长所扣的分数后，即为运动员的最后得分。如运动员的应得分是 9.23 分，因完成套路时间不足 1 秒，由裁判长扣 0.1 分，因此，运动员的最后得分为 9.13 分。

4. 评分标准

裁判评分可概括为以下 4 个方面的内容：①对动作规格的评分；②对劲力、协调的评分；③对精神、节奏、内容、结构、风格和布局的评分；④其他错误的扣分。

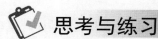

思考与练习

1. 对现代武术的作用表述不正确的是(　　)。
 A. 提高素质，健体防身　　　　　　B. 锻炼意志，培养品德
 C. 克敌制胜　　　　　　　　　　　D. 竞技观赏，交流技艺，增进友谊
2. (　　)年，我国第一次把武术列为国家体育竞赛项目，以后开始举行全国性的比赛和表演。
 A. 1957　　　　　　B. 1958　　　　　　C. 1959　　　　　　D. 1960
3. 长拳基本步型有＿＿＿＿、＿＿＿＿、＿＿＿＿、＿＿＿＿、＿＿＿＿5 种。
4. 简述 24 式简化太极拳的动作名称。
5. 简述武术场地与时间的规定。
6. 简述武术比赛评分的标准与方法。

第13章 健美操

本章导读

　　健美操源于英文"Aerobic"，意译为"有氧运动""有氧健美操"。《简·方达健身术》这本书自 1981 年首次在美国出版以来一直畅销不衰，在世界 30 多个国家出售，对健美操在世界范围内的流行与发展起到了巨大的推动作用。现代健美操在我国兴起于 20 世纪 70 年代末 80 年代初，而在我国健身健美操蓬勃发展的同时，以竞技为主要目的的竞技健美操也在迅速发展，并于 1987 年在北京举办了"全国首届长城杯健美操友好邀请赛"。

13.1 健美操运动概述

健美操是一项深受广大群众喜爱的、广泛普及的，集体操、舞蹈、音乐、健身、娱乐于一体的体育项目。健美操中大量吸收了迪斯科舞、爵士舞、霹雳舞中的上下肢、躯干、头颈和足踝动作，特别是髋部动作，这给健美操增添了活力，同时也有利于减少臀部和腹部脂肪的堆积，有利于改善动作的协调性和灵活性。

13.1.1 健美操的概念

瑞典著名现代体操家米克曼(Meekman)被称为韵律体操的创始人，她主张韵律操动作的创新"应将人体的运动规律融贯进动作中去"。韵律体操体现的是"运动员的喜悦、动作的创造性和现代音乐与身心的结合"。韵律操"可当作节奏体操的新式动作形态体操"。纵观健美操的特点与发展，结合专家的观点，健美操的概念应为：健美操是融体操、音乐、舞蹈、美于一体，通过徒手、手持轻器械和用专门器械的操化练习达到健身、健美目的的一种新兴娱乐、观赏型体育项目。健美操作为一种运动项目，除了具有一般体育活动共有的锻炼身体、增进健康、增强体质的作用外，对女子减肥和改善体形体态、提高韵律及身体协调性有着特殊的作用。它不仅强调"健"而且还强调"美"，把体育与美融为一体，可陶冶人的美好的情操。

健美操是一项融体操、舞蹈、音乐为一体的一项新兴体育项目。它是一种有目的、有意识、有组织的社会文化活动，具有塑造健美体形、增进健康、陶冶情操的作用，随着全民健身活动高潮的兴起，近年来在我国高校得以广泛开展。

13.1.2 健美操的分类

根据健美操练习的目的和所要解决的主要问题，可分为大众性健美操、竞技性健美操和表演性健美操三大类。

(1) 大众性健美操。大众性健美操，也称健身健美操。其目的是增强体质，增进健康，全面发展和提高身体的工作能力。由于动作简单易学，活泼流畅，节奏感强，并按一定顺序来锻炼身体的各个部位，有实效且有针对性。因此，适合各种年龄和不同层次的人锻炼。同时，大众健美操也是竞技健美操的基础。

(2) 竞技性健美操。竞技性健美操是以争取优胜成绩为主要目的的一类健美操，它有特定的竞赛规则，并按照规定的项目和规则要求组织运动员进行训练和比赛。它虽然同大众性健美操一样都有增强体质、美化形体、陶冶情操的功效，但由于动作难度、运动强度和密度都较大，技术复杂，且有规定时间和特定动作的要求，具有全面性、准确性和艺术性的特点，因此，竞技性健美操主要适合青年男女练习。竞技性健美操只进行自编动作的比赛，比赛分为团体赛和个人赛，比赛项目有男子单人、女子单人、混合双人、三人操四项。

(3) 表演性健美操。表演性健美操的主要目的是在表演中展示自己的价值和魅力，在观赏中陶冶情操、净化心灵、促进健美操活动的广泛开展、满足人们展开和表现自我的需要。将健身健美操或竞技健美操作为表演操，在预定的某种活动、某种场合、某种节日庆典中进行表演，使之成为观赏、娱乐的体育节目。

13.1.3　健美操的特点

(1) 本能性健美是运动的核心：健美操不同于其他项目的一个显著特点是"以自然人体为对象，运用自己的力量把自身作为对象，实现自我塑造"。

(2) 力度性：健美操以力量性为主的徒手动作为基础，它所表现的力是力量、力度、弹力、活力的综合。健美操动作要求的力度和力量性很强，不论是短促的肌肉力量、延续力量，还是瞬间的控制力量都展现出较高的力度感。

(3) 节奏感：健美操是在节奏鲜明、欢快奔放的现代乐曲伴奏下进行的身体练习。音乐是人所创造的特有的表达手段，它可以用短暂的时间，在激励人的情绪上发挥出巨大的力量。练习者会因受音乐节奏的感染而情不自禁地自然地被卷入一种运动状态之中，随着振奋人心的节律，将上百个动作一气呵成并且始终保持精神饱满、情绪激昂。这一特殊锻炼身体的方式，是其他体育项目不能相比的。

(4) 创新性：由于人体结构复杂，动作多变，人的情绪丰富，性格迥异，因此决定了健美操动作的丰富性。健美操不仅保留了徒手操中的各类基本动作，而且从相关的运动项目和艺术门类中吸收了诸多动作，经过加工、提炼、操化，使之成为具有健美操风格的动作。

13.2　健美操基础知识

13.2.1　形体健美的概念

形体健美是人体外在美的重要部分，它能表现出一个人形体的比例线条匀称和谐，表现一个人的青春活力和动人魅力。刘海粟有句名言："人体美是美中之至美，来自其生命和自然流动。"健康的形体就是美的象征，是最自然、最基本的美。形体健美以其匀称的体态和柔和的线条，以形动人，以情感人，成为大自然中最完美的一部分，标志着人体的健康和尊严。因此形体健美是人类最崇高的和被热切追求的目标之一。

13.2.2　形体健美的渊源

追求人体健美源远流长。自古以来不少名人、学者就有过论述与杰作，人体健美成为无数艺术家代代耕耘的美的沃土，美的资源。法国著名雕塑家罗丹，有一天深夜端着灯欣赏了维纳斯塑像之后曾经说："这是真正的肌肉！真好像是在接吻与爱抚的气氛中塑成的！抚摸这座像的时候，几乎会觉得是温暖的。对于自然充满了敬和爱，他们所表现的总是他们所看到的；而且在任何时候，他们都尽情地显示对肌肉的热爱，如果以为他们是蔑视肌肉，那是可笑的。在任何民族中，没有比人体的美更能激起富有感官的柔情了；在他们塑造的形象上，飘荡着一种沉醉的神往。"

13.2.3　形体健美的构成要素

　　形体健美是指健康的身体，它不单单是身体的外形，还包含着体格、体能、生命力和其他精神素质。它能显示出自然结构美和精神活力美，它是由各种要素综合构成的，包括强壮美、体态美、体形美、素质美、健康美、风度美。

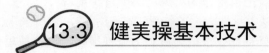

13.3　健美操基本技术

　　健美操基本动作练习是按照人体生理解剖结构分部位进行练习，因此可以有重点地、系统地改善和发展身体的各个部位。掌握基本动作就可以为尽快地掌握复杂动作和成套动作打好基础。

13.3.1　头颈动作

　　(1) 屈(前屈、后屈和侧屈)。指头颈关节角度的弯曲。要求：动作幅度要大，使颈的各部肌肉充分伸展。

　　(2) 转(向左、右转)。指头颈部绕身体垂直轴的转动。要求：头要正、不要前倾和后倒。

　　(3) 平移(向前、左、右平移)。指头部相对于肩横轴所作的前后和左右水平移动。要求：头保持正直，尽量大幅度完成动作。

　　(4) 绕及绕环(左、右绕和绕环)。指以头颈部为中心轴的图形动作以及弧形动作。要求：绕或绕环时头部运动幅度要大，上体保持正直。

13.3.2　肩部动作

　　(1) 提肩和沉肩。提肩是指肩部做向上的运动，沉肩是指肩部由上向下的动作。动作有单肩做的提肩和沉肩，双肩做的提肩和沉肩，两肩依次做的提肩和沉肩。

　　(2) 收肩和展肩。收肩是指两肩同时向内收，稍含胸；展肩是指两肩同时向外展，挺胸。动作有两肩依次收展等。

　　(3) 绕和绕环。肩绕和绕环都是指以肩关节为轴做小于 360°或大于 360°的弧形或圆周运动。动作有单肩向前绕和绕环，单肩向后绕和绕环，双肩同时向前或向后绕和绕环。

13.3.3　上肢动作

　　(1) 手型。①五指并拢式：五指伸直，相互并拢；②五指分开式：五指用力伸直，充分张开；③西班牙舞手式：手指用力，小指、无名指、中指至掌指关节处依次屈伸，拇指稍内扣；④芭蕾手式：五指微屈，后三指并拢，稍内收，拇指内扣；⑤拳式：握拳，拇指在外；⑥推掌式：手指用力上翘，五指自然弯曲；⑦指式：握拳，食指伸直或拇指伸直；⑧响指：拇指与中指摩擦与食指打响，无名指、小指屈握。

(2) 臂屈伸，是指臂部的肌肉群收缩，而使关节产生屈和伸的活动过程。其动作主要有：手指、手腕的屈伸，肘关节的屈伸，单臂或双臂进行的向上、下、左，右、前、后及中间方位的屈伸。

(3) 臂摆动，是指以肩或肘关节为轴，向身体各方向做钟摆式运动。动作有向前、向后或左右摆臂。

(4) 振臂，是指以肩为轴做臂的快速运动至最大幅度。动作有前、后、上、下振臂。

(5) 绕及绕环。是指以肩、肘、腕为轴，向各方向做圆周运动。范围以 180°～360°为绕，360°以上为绕环。动作有单臂绕环和双臂绕环，可同时或依次向同方向和不同方向绕环。

🔘 13.3.4　躯干动作

(1) 胸部动作。含胸：指两肩内合、胸廓内收的动作。展胸：指挺胸肩向后合、肩胛骨内收的动作。

(2) 腰部动作。①屈：指上体沿矢状轴和水平轴的运动，动作有体前后屈，左右侧屈。②转：指上体沿垂直轴的扭转，动作有腰的左，右转。③腰部动作：指骨盆做向前、侧，后的动作。④顶髋：指髋关节做急速的移动动作。动作有髋的前、后、左、右顶。⑤摆髋：是指髋部做钟摆式的移动动作，动作有髋的左、右侧摆，前后摆。⑥髋绕和绕环：是指髋关节做弧或圆形运动。动作有向左、右的绕和绕环。

🔘 13.3.5　下肢动作

(1) 腿的基本位置。①站立：上体直立，两腿并拢，两脚平行。②提踵拉：上体直立，脚跟提起，用前脚掌站立的姿势。③分腿站立：上体直立，两脚前、后或左、右开立，两脚与肩同宽或大于肩，重心于两脚之间的姿势。④蹲：包括半蹲和全蹲。脚尖向前，大腿和小腿约成 90°～120° 为半蹲，小于 90° 为全蹲。可并腿蹲或分腿蹲。⑤弓步：上体直立，一腿屈膝，一腿伸直的姿势。动作有前弓步，侧弓步。

(2) 踢腿，是指腿部以髋臼窝为轴或以膝关节为轴所做的加速摆的动作。动作有直腿的前、侧、后踢和屈膝的前、侧、后踢。

(3) 屈伸，是指膝关节由直至屈再由屈至直的动作。动作有两腿同时或依次的原地或移动屈伸。

(4) 绕和绕环，是指膝关节沿垂直轴的环绕运动。动作有向内、向外的绕和绕环。

(5) 腿的内旋和外旋，是指以髋或膝关节为轴做腿的向内和向外的旋转动作。动作有两腿同时或依次的内旋和外旋。

(6) 压腿，指腿下压使腿部的肌肉肌腱充分伸展的动作。动作有前、后、侧压腿。

(7) 控腿，是指腿停在某一部位的动作。动作有前、后、侧控腿。

(8) 基本步伐、跑跳及转体、波浪练习。

① 基本步伐练习。动作有软步、并步、垫步、足尖步、弹簧步、十字步、登山步、交叉步、滚动步等。

② 跑步练习。动作有原地跑步、弧形跑步、跑跳步、十字步等。

③ 跳步练习。动作有并步跳、分腿跳、转体跳、挺身跳，交换腿跳、击腿跳、踢腿跳、翻身跳、蹲跳等。

④ 转体练习。动作有平转和单脚转。

⑤ 波浪练习。动作有手臂波浪、躯干波浪、全身波浪，同时可分别向前、后、侧 3 个方向做。

13.4 健身性健美操评分规则简介

(1) 竞赛项目。女子单人、男子单人、混合双人(1 男 1 女)、3 人操(性别任选)。

(2) 竞赛种类。个人赛、团体赛。

(3) 比赛场地。7 米×7 米。

(4) 竞赛时间。成套动作的时间为 1 分 45 秒，有加减 5 秒的宽容度。少于 1 分 35 秒或多于 1 分 55 秒将取消比赛资格。

(5) 难度动作。成套动作必须包括下列难度动作各一个：①动力性动作。②静力性动作。③跳跃(爆发力)。④踢腿。⑤平衡。⑥柔韧。动作的难度任选，但最多不得超过 16 个，只计算 12 个最高难度动作分。难度动作被分为从 A 至 G 7 个水平，G 为最高难度。

(6) 评分方法。裁判员从下列几个方面给予评分：①艺术分：从 10 分起评，对每个艺术错误给予减分。②创造分：从 0 分起评，但最多不得超过 1.0 分。③完成分：从 10 分起评，按照加分的方法评分。

(7) 着装要求。①外表：总的感觉应当是整洁大方，头发必须梳系于后，鞋带必须系好，不允许使用垂饰物，例如：皮带、飘带和花边，也不允许使用道具(拐杖、皮筋、重物等)。②女运动员着一件套紧身衣和肉色连裤袜。紧身衣可前或后开口，但上下必须在同一处合拢(上部与躯干处不得仅用绳子或带子连接)，不得露肚脐，紧身衣在大腿根部的开口不得超过腰部，外面的紧身衣必须盖过髂骨脊，禁用带子。

男运动员必须着一件套连衣裤或背心、短裤及合体的内衣，背心的前后不得有开口，任何时候都必须穿着保护下体的短裤，必须穿整洁的健美操鞋。

思考与练习

1. 健美操基础知识有____，____，____。

2. 健美操的特点有____，____，____。

3. 竞赛种类有____。

4. 简述健美操外表要求。

5. 简述健美操比赛场地要求。

6. 简述健美操形体健美的构成要素。

第14章 游　泳

本章导读

　　游泳是一项古老的运动，史前时代人们就要靠游泳渡过江河。希腊神话中也有很多关于游泳的记载，其中最著名的就是利安得每天晚上都游过达达尼尔海峡与他心爱的姑娘海洛幽会。作为一项运动，游泳直到19世纪才开始得到普及。1837年，英国国家游泳协会成立，并开始举行比赛。

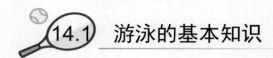

14.1 游泳的基本知识

古代原始人狩猎时，为求取食物而登山涉水，在人与人或人与兽战斗时，为求生存，游泳是最基本的技能。距今 9000 年前，在沙漠岩洞上，就发现有当时游泳者的游泳动作壁画，显示上古时代，人类已有水中活动的技能。近代游泳是人类社会发展的高度产物，是 19 世纪末迅速发展起来的运动项目。1896 年，在希腊雅典举行第一届现代奥林匹克运动会时，游泳被列为竞赛项目之一。

14.1.1 学习游泳动作要先在陆上模仿

游泳不是人的本能，是后天学习的动作，是模仿水中的动物游泳姿势，结合人体的解剖学特点而创造的技术动作。游泳技术和我们平常生活中的动作完全不同，条件反射必须重新建立。在水中游泳时，又没有视觉、听觉的帮助，只能靠感觉来完成练习，错误动作发生很普遍。而先在陆上做模仿，在视觉、听觉的帮助下做动作容易些，做熟了再下水，虽然环境变了，也能做个八九不离十。所以说要先在陆上做模仿。

14.1.2 呼吸的动作要点

呼吸要点是嘴吸嘴呼或嘴吸嘴鼻呼，呼吸时最重要的是用力吐气。这是因为用力吐气把气吐光之后，造成一种"被动式"吸气。在此介绍一个小窍门，即用力张大嘴，说一个"啪"，气就自然吐出来了，同时气也吸进来了。

14.1.3 游泳运动的技术形式

游泳的技术有好多种，但主要泳式有爬泳(自由泳)、蛙泳、蝶泳、仰泳等。它们都是通过臂、腿、躯干的有效动作，在水中游进的，这四种游泳姿势的技术特点如下所述。

(1) 身体应在水中放平，头及臀部处于水平位置，眼的视线及头部姿势对于保持身体位置有直接影响。

(2) 在划水时应做臂内旋的转动动作。

(3) 划水动作在肩前提早发力，整个划水过程应加速进行。

(4) 除仰泳的肘部处在比手低的位置外，其他姿势游泳时肘部在划水过程中要处于比手高的位置。

(5) 在自由泳和仰泳时，身体沿纵轴滚动是必要的。

(6) 除蛙泳外，其他 3 种姿势，其推动力的作用，臂划水是第一位，腿打水是第二位。

14.2 蛙泳技术

蛙泳是模仿青蛙游泳的一种姿势。据竞赛规则，蛙泳比赛时两肩必须与水面平行，两臂要在水下同时在同一水平面向后划水。这种游泳姿势省力，实用性高，因此深受人们的喜欢。

14.2.1 蛙泳技术动作

蛙泳是身体俯在水中，靠两臂对称向后划水，两腿向后蹬夹水和呼吸重复循环进行的一种泳式。

1. 身体姿势

蛙泳时，身体水平地俯卧在水中，两臂向前伸直并拢，掌心向下，头略前抬，水平前额，身体纵轴与前进方向成 5°～10°角。

2. 腿部动作

蛙泳腿部动作是推动身体前进的主要动力。腿部动作由收腿、翻脚、蹬腿和滑行 4 个不可分割的动作所组成。

(1) 收腿：收腿时，两膝向下自然弯曲，边收边分，两膝内侧约与肩宽；收腿时，力量要小，两脚与小腿要收在大腿的后面，以减少回收的阻力。收腿结束时，脚跟靠拢臀部，大腿与躯干约成 140°角(见图 14-1 中的 1～3)。

(2) 翻脚：收腿将结束时，腿仍向臀部靠拢，这时膝关节内扣，同时两脚外翻，使脚和小腿内侧正对蹬水方向(见图 14-1 中的 4)。

(3) 蹬腿：蹬腿时，大腿发力，先伸展髋关节，然后伸展膝关节，最后伸展踝关节使蹬水方向尽量向后，做到边蹬边夹(见图 14-1 中的 5～9)。

(4) 滑行：蹬腿结束后，双脚伸直并拢，使人体保持水平姿势，随蹬水获得的速度向前滑行。

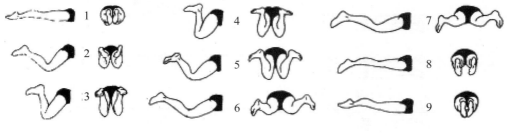

图 14-1

3. 臂部动作

蛙泳臂的动作可分为开始姿势、抓水、划水、收手和伸臂 5 种类型。

(1) 开始姿势：蹬水结束时，两臂自然向前伸直与水面平行，手指自然并拢，掌心向下(见图 14-2 中的 1)。

(2) 抓水：手向前伸出后，臂立即内旋，掌心转向外斜下方并稍勾手腕，两手分开向外下方压水(见图 14-2 中的 2～3)。

(3) 划水：当抓水结束时，立即开始划水。划水时肘关节逐渐弯曲，并保持较高位置。划水的路线是向侧、下、后、内划水，当手划至肩前两臂夹角约成 120°时，两手转向后、内划，并过渡到向里收手动作(见图 14-2 中的 4～6)。

(4) 收手：收手时，臂外旋，肘向下内方收在体侧下，两手掌心由向后转向内，再向上收到头前下方，收手结束时，肘关节低于手，大小臂成锐角(见图 14-2 中的 7～8)。

(5) 伸臂：伸臂动作是由先伸肩，后伸肘关节完成的。伸臂时，掌心由相对逐渐转向下方，使臂靠近水面，沿平直的路线向前伸直，伸臂结束时，两手并拢尽量靠近水面(见图 14-2 中的 9～13)。

4. 配合方式

(1) 呼吸与臂部动作的配合：两臂开始划水时，抬头迅速吸气；收手时，低头闭气；伸臂向前划行时，逐渐吸气；划行将结束时，结束吸气；臂开始划水时，又抬头吸气。

(2) 动作的配合：蛙泳腿、臂配合是十分重要的，如果配合不协调，将直接影响到臂、腿动作的效果和前进的速度。一般的臂、腿配合技术是臂划水时，腿保持放松或成伸直姿势(见图 14-2 中的 2～4)；收臂、手同时完成收腿动作(见图 14-2 中的 7～9)；臂前伸时做蹬水动作(见图 14-2 中的 10～11)；伸蹬之后，臂腿伸直滑行(见图 14-2 中的 12～13)。

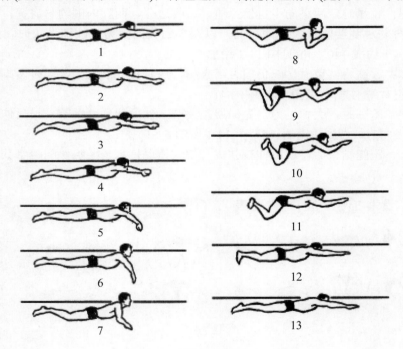

图 14-2

🔅 14.2.2　蛙泳的教学方法

蛙泳的教学顺序是先学腿部动作，后学臂的动作(含呼吸)，最后学习腿臂配合和完整的配合动作。

1. 腿部动作的教学

1) 陆上模仿练习

练习一：坐在岸上或池边，上体后仰，两手后撑，按口令做收腿、翻脚、蹬夹、伸停等动作(见图 14-3)。

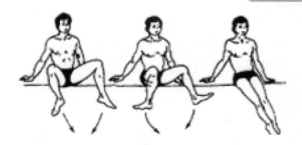

图 14-3

练习二：俯卧凳上或俯卧池边，做蛙泳腿的模仿练习，也可以由同伴帮助体会和纠正错误动作(见图 14-4)。

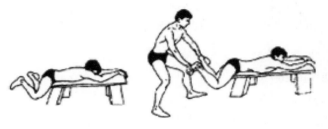

图 14-4

2) 水中练习

练习一：俯卧池边，可在同伴的帮助下，先练习分解动作，然后练习完整腿部动作，连续反复练习(见图 14-5)。

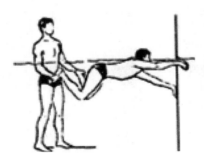

图 14-5

练习二：边蹬边滑行做腿的练习。滑行时做收腿、翻脚、蹬夹的动作，要求收腿时边收边分，注意放松，收完后要及时蹬夹，蹬水时要适当用力，蹬夹动作要连贯。

2. 臂部动作及呼吸配合的教学

1) 陆上模仿练习

练习一：两脚开立，上体前倾，两臂向前伸直，两手并拢，掌心向下，按口令做抓水、划水、收手、伸臂等动作，并过渡到 1 拍完成。

练习二：基本掌握臂的动作要领后，即可做配合呼吸练习。开始或划水时抬头吸气，收手时低头闭气，伸臂时吸气。

2) 水中练习

练习一：站在齐胸的水中，上体前倾做陆上臂部动作的练习。

练习二：在走动中做臂部动作与呼吸配合的练习(见图14-6)。

练习三：俯卧，由同伴托住腹部，练习臂部动作与呼吸的配合

练习四：两腿夹扶板，练习臂部动作与呼吸的配合。

图 14-6

3. 完整配合动作的教学

1) 陆上模仿练习

练习一：原地站立，两臂上举并拢伸直，按口令做两臂向两侧动作，向下做弧形屈臂划水动作；两臂向上将要伸直时，翻脚的一腿向下做弧形动作(见图14-7)。

练习二：同上练习，增加抬头并配合呼吸动作。

图 14-7

2) 水中练习

练习一：划行后闭气做臂和腿的分解配合练习，即划一次臂后，再做 1 次腿的收、蹬夹水练习，臂腿依次交替进行。

练习二：在练习一的基础上，过渡到收手的同时收腿，臂将伸直时蹬夹水，做连贯的练习。

练习三：在练习二的基础上，增加呼吸配合练习，即从开始的腿、臂动作几次，呼吸一次，逐渐过渡到腿、臂动作一次呼吸一次。

练习四：反复练习，逐渐增加游泳的距离，并在游进中不断改进技术。

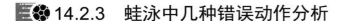 14.2.3　蛙泳中几种错误动作分析

(1) 为什么蛙泳中吸不到气?(假呼吸)

错误原因：在水中不敢吐气，要把气快吐光时再抬头；抬头太高、太猛，从而引起下肢的下沉。

纠正：除掌握正确的呼吸动作外，手与呼吸的动作配合也很重要。手与呼吸配合的关键动作是手一动、一往外划就需抬头吸气，因为双手在前边有支撑，抬头吸气容易。

(2) 游蛙泳时，撅臀部是什么原因?

错误原因：大腿收得太多，没有收小腿。

纠正：小腿朝臀部收，而不是膝盖朝肚子收。

(3) 游蛙泳时，干使劲不走道是什么原因?

错误原因：收腿与蹬腿的力量用得一样多，速度一样快。

纠正：要慢收快蹬。

(4) 蛙泳配合不对是怎么回事?

错误原因：收手的同时收腿，伸手的同时蹬腿。

纠正：建立正确概念——划手腿不动，收手再收腿，先伸臂后蹬腿，手脚并拢漂一会儿。

14.3　自由泳技术

游泳竞赛规则规定，自由泳比赛当中，可采用任何一种姿势游进。自由泳时，身体俯卧在水中，几乎与水面平行，倾斜度小，有较好的流线型，可以减少阻力面积，从而可以减少阻力；依靠两腿不停地上下、向后方打水，两臂轮流向后划水，推动力均匀，动作结构较简单，划水效果较好；动作配合协调，既省力，又能发挥最大的速度，是速度最快的游泳姿势。正因为如此，自由泳也通称为爬泳。

目前，自由泳的主要技术特点，除了臂腿配合形式多样化外，还强调身体的位置和高肘技术，主要是为了加强两臂的作用，以求得更高的速度。

自由泳的配合技术有 3 种：一种是两腿打水 6 次，两臂划水各 1 次，呼吸 1 次的配合方法；另一种是两腿打水 4 次，两臂划水各 1 次，呼吸 1 次的配合方法；还有一种是两腿打水各 1 次，两臂划水各 1 次，呼吸 1 次的配合方法。

14.3.1　自由泳技术动作

自由泳是身体俯卧在水中，靠两臂轮流向后划水，两腿不停地上下向后打水，头向侧面呼吸来完成的一种泳式(见图 14-8)。

1. 腿部技术动作

打水时以髋关节为支点，由大腿发力，带动小腿和脚，像鞭状上下交替向下后方打水(见图 14-9)。

图 14-8

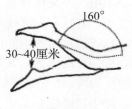

图 14-9

2. 手臂技术动作

(1) 入水：入水时，肘关节要保持较高位置，按手、前臂、上臂的顺序入水。

(2) 抱水：抱水时，肘关节应保持较高位置，以免身体下沉(见图 14-10)。

(3) 划水：划水时，手的移动路线，是由肩前经肩下、腹下到大腿外侧，呈"S"形。

(4) 出水：将肘部向后上方提起，迅速将臂提出水面。

(5) 移臂：臂出水后，屈肘以肩带动臂，沿水平面向前移动。

图 14-10

3. 要求

(1) 打水时，腿部动作不宜过大，要以髋关节为支点，大腿带动小腿，打水不要停顿。

(2) 划水时手臂不要伸直，臂的动作要连贯。

(3) 头出水面不要太高。

(4) 打 6 次腿划 1 次臂，配合 1 次呼吸。

14.3.2 自由泳的教学方法

1. 腿部技术教学(分陆上模仿和水中练习)

(1) 陆上模仿：可坐在地上或池边，上体稍后仰，两手后撑，眼看腿部动作做两腿上下交替打水动作(见图 14-11)。

图 14-11

可俯卧在凳上或出发台，模仿自由泳腿部动作(见图 14-12)。

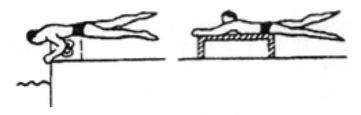

图 14-12

(2) 水中练习：可仰卧水中，两手反抓水池，头后紧贴池沿，眼看脚尖，展髋，身体成水平姿势，两腿上下交替打水(见图 14-13)；可俯卧水中扶池边打腿练习，打腿练习时低头憋气(见图 14-14)；可俯卧水中抓水槽打腿，一手屈肘抓水槽，一手直臂反撑池壁，使身体呈水平姿势，进行打腿练习(见图 14-15)。

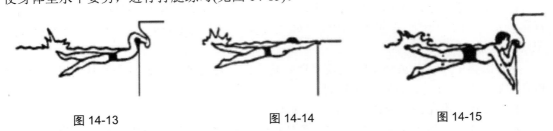

图 14-13　　　　　　　图 14-14　　　　　　　图 14-15

2. 腿臂配合及其完整配合技术教学

自由泳腿臂配合及其完整配合动作比较简单，教学时，可直接在水中进行而不必在陆上模仿，这样可以节约时间，提高教学效果。水中练习动作如下所述。

(1) 蹬边划行后，两腿不停打水，一臂前伸不动，另一臂连续划臂 2~3 次，依次交替进行。

(2) 蹬边划行打腿，做两臂分解划水配合动作，即一臂前伸不动，一臂划水，每划 1 次后前伸不动，变为另一臂划水，依次进行配合练习。

(3) 蹬边划行后，在积极打腿的基础上，两臂开始做交叉配合划水动作，可根据个人特点，任选 3 种交叉配合的一种进行练习。

以上 3 种练习，均是憋气进行的。

3. 单臂划水与呼吸的腿臂配合练习教学

一手扶板一手划水，同时与转头呼吸动作相配合，两腿积极打水。该练习只需做与转头方向同侧的手臂练习。

完整配合技术练习。同前练习一样，在腿与两臂连贯配合的基础上增加与呼吸的配合。

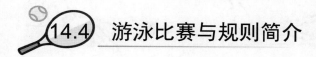

14.4 游泳比赛与规则简介

14.4.1 场地、器材设备

1. 游泳池

游泳池长度为 50 米(短池长度为 25 米)，宽度为 21 米或 25 米，水面至池底的深度应在 2 米以上，两端池壁必须垂直平行。池水温度是 25~28℃，室外池水温度不得低于 25℃。

2. 泳道与分道线

池内设有 8 条泳道，由 9 条分道线构成，每条泳道宽 2.50 米，第一、九分道线距池边至少 0.50 米或 2.50 米。分道线应拉至泳池两端。

14.4.2 比赛和犯规

(1) 运动员必须在自己的泳道内按比赛规则游完全程，否则即算犯规。

(2) 游出本泳道或用其他方式干扰、阻碍其他运动员，将被取消比赛资格。

(3) 由于某些运动员的犯规而干扰、阻碍其他运动员取得优良成绩时，则应允许被干扰运动员参加下一组比赛或补测成绩。如在决赛中发生上述问题，应令该组重新决赛(除犯规运动员)。

(4) 比赛中，运动员转身时必须使身体某一部分触及池壁，转身必须从池壁完成，不得在池底跨越或行走，否则即算犯规。

(5) 比赛中不允许拉分道线，否则算犯规。

(6) 比赛中，运动员不得使用或穿戴任何有利于增加速度、浮力、耐力的器具。否则即算犯规，但可戴目镜。

(7) 每个接力队应有 4 名队员，接力比赛中任何一名队员犯规即算该队犯规。任何接力队员在一次接力比赛中只能参加一棒比赛。

(8) 在一项比赛进行过程中，在所有比赛运动员还未游完全程前，未参加比赛运动员要下水，应取消其下一次比赛资格。在接力比赛中，当各队所有队员还未游完之前，除了应游该棒的运动员外，其他任何接力队员如果进入水中，该接力队将被取消参赛资格。

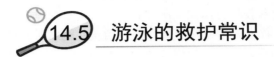

14.5　游泳的救护常识

救护可分为自我救护和救护溺水两大类，其中救护溺水又可分为间接救护和直接救护两种方法。

14.5.1　自我救护

自我救护是指会游泳者在没有其他人员帮助时，自己排除意外事故来解救自己。游泳时，突发事件原因很多，常见的是因下水前没做好准备活动出现抽筋现象，这是由于技术动作过于紧张、僵硬、不协调等造成的。出现抽筋时，应保持镇静，不要惊慌，相信自己能够解救自己。

常出现抽筋的部位多在大腿和小腿，个别也有在手指、脚趾等处。但不管哪个部位出现抽筋，均应立即上岸，擦干身体，注意保暖，按摩抽筋部位；如果离岸较远不能立即上岸，应在水中进行解救，解救的原则是将发生抽筋的肌肉向其收缩的反方向拉长，使其得到伸展和松弛。具体方法如下所述。

(1) 手指抽筋：将手握拳，然后用力张开，这样反复快速连续做，直到抽筋现象消除为止(见图 14-16)。

(2) 小腿或脚趾抽筋：先吸一口气仰浮水面，用抽筋肢体对侧手握住抽筋肢体的脚趾，用力向身体方向拉，同时用同侧手掌压在肢体的膝盖上，使抽筋腿伸直(见图 14-17)。

(3) 大腿抽筋：如果大腿后群肌肉抽筋，解救的方法同"(2)"；如果大腿前群肌肉抽筋，则应先吸一口气仰浮水面，使抽筋腿屈膝，双手从背后握住抽筋腿的踝关节，用力拉紧小腿，使大腿折叠(见图 14-18)。

图 14-16　　　　　　　图 14-17　　　　　　　图 14-18

发生抽筋后不宜继续游泳，如果离岸较远，则应首先解除肌肉的抽筋状况，使之恢复正常，然后决定用最省力的技术动作游回。特别是发生过抽筋的肢体动作更不能紧张用力，要尽量放松以防再度发生抽筋。如果在水中不能消除抽筋状态，应游回岸边，然后上岸解救。游回时应尽量使抽筋肢体放松不动，利用没有抽筋肢体以最省力的动作游回岸边。

🏐 14.5.2　间接救护

间接救护是指利用救生器材对较清醒的溺水者施救的一种方法。这种方法既省力又安全迅速。常用的救护器材和使用方法如下所述。

(1) 救生圈：最好在救生圈上系好一条绳子，当发生溺水时，就可将救生圈掷给溺水者，待溺水者抓住救生圈后，将其拖到岸边(见图14-19)。

(2) 竹竿：溺水者离岸较近时伸给溺水者，待溺水者抓住后将其拖至岸上(见图14-20)。

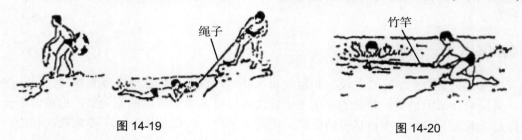

图 14-19　　　　　　　　　　　　　　　　　　　图 14-20

(3) 绳索：使用绳索时，在绳索的一头系上一个明显的软质漂浮物，将绳索盘成圆圈，救护者握住绳索的另一端。救护时将盘起的绳索同漂浮物一起掷在溺水者的前方，便于溺水者抓住绳索上岸。

🏐 14.5.3　直接救护

直接救护是指不利用任何救生器材，救护者亲自下水直接对溺水者施救的一种方法。这种方法是在没有任何救生器材或因各种原因不能使用器材的条件下(如溺水者距离较远或溺水者神志不清)所采用的。这种方法要求救护者必须具有舍己救人的精神，又有较好的游泳技术和救护的基本知识技能。直接救护技术包括入水前的观察、入水、游近溺水者(包括使其解脱)、拖带、上岸(包括急救)等。

1. 入水前的观察

发现溺水者，首先应发出求救信号，争取更多的人参加救护，在自己准备下水的同时，应对周围环境作简单的观察并迅速作出判断。如了解水域情况和判断溺水者与自己的距离方位等。

2. 入水

入水时要求安全、迅速、注意目标。根据不同情况采用不同的入水方法：第一，熟悉的水域，如游泳池，可以用游泳出发的跳水姿势入水，要求入水要浅，入水要快；第二，对不熟悉的水域，应采取跨姿势入水。当身体入水后两腿迅速向下蹬夹水，两手臂迅速向下压水，使身体立即浮出水面。

3. 游近溺水者

为了迅速、准确地游近溺水者，在游近溺水者时，一般多采用较快的抬头爬泳或抬头蛙泳姿势。当游到距溺水者 2 米左右时应停下来观察一下溺水者的情况，然后决定用什么方法接近和控制溺水者，并利用这一瞬间调整自己的呼吸以保存体力。溺水者有三种情况：第一，因游泳突然发生抽筋或其他事故；第二，已经昏迷；第三，正在求生挣扎。第三种情况对救护者特别危险，要选择有效的方法接近溺水者，避免自己被溺水者抱住，接近溺水者有下述 3 种方法。

(1) 游到溺水者背后：可直接从后面靠近溺水者，双手托其腋下，使其口鼻露出水面后进行拖带。

(2) 溺水者面对自己：一般来讲，溺水者会不同程度地表现出挣扎的求生欲望。为避免被溺水者抓住，救生者除大声要求溺水者保持"安静"外，应先吸口气潜入水中，在水下扶住溺水者髋部(见图 14-21)，将其扭转 180°至背向自己，然后用第一种方法接近溺水者。

图 14-21

(3) 溺水者面向自己，而且有单手或双手上举的求救动作，这种情况可以从正面接近。其方法是从正面用左(右)手准确果断地抓住溺水者的左(右)手腕，用力向自己的左(右)后方拉，借助这种惯力使其转体 180°背向自己，然后用同上一样的方法控制溺水者(见图 14-22)。

图 14-22

4. 水中解脱

水中解脱是救护者在执行救护的过程中，被溺水者抓住或抱住身体而进行解救的一种专门技术。溺水者在水里神志不清，挣扎乱抓，救护者万一被抓，应根据被抓部位，采用各种解脱方法。解脱方法主要是利用反关节和杠杆原理，动作要熟练、迅速和突然。下面介绍几种常见的水中解脱方法。

(1) 虎口解脱法：虎口是指拇指与食指之间相连的部位。当救护者的手腕或前臂被抓住时，救护者可用压迫溺水者虎口的方法使溺水者脱手而得到解脱。例如，溺水者双手从上面同时抓住救护者的双手腕或前臂，救护者应双手握拳屈肘、臂外旋、肘内收，用前臂压迫溺水者虎口使之脱手而解脱(见图 14-23)；如果溺水者的双手从下面同时抓住救护者的双手臂，救护者也可用上面相同的解脱方法，只是动作方向相反，即可得到解脱(见图14-24)；如果救护者的一只手臂被溺水者双手抓住，则救护者一只手可握紧拳头，另一只手从溺水者两臂中间穿过，握住自己的拳头，同时突然向下压，即可解脱(见图14-25)。

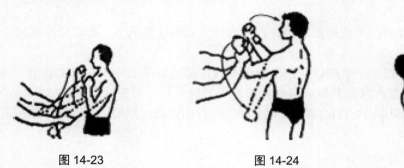

图 14-23　　　　　　　　　　图 14-24 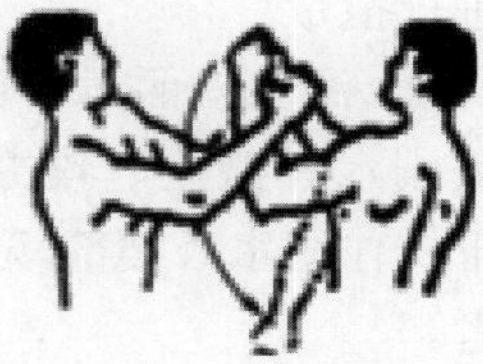　　　　　　　　　　图 14-25

(2) 托肘解脱法：溺水者如果从背后抱住救护者的颈部，救护者首先应握住溺水者靠近自己胸前的一只手腕，另一只手从下向上托其同一手臂的肘关节，自己收颌低头顺势从溺水者腋下滑脱出来。解脱后不要放开溺水者的手腕，要顺势将其扭转至背向自己(见图14-26)。溺水者如果从前面抱住救护者的颈部，救护者可用左(右)手上推其右(左)肘关节，右(左)手握其一手臂的手腕并向下拉，同时收颌低头从其两臂间解脱出来，然后推转溺水者使其背向自己(见图14-27)。

图 14-26

图 14-27

(3) 推扭解脱法：救护者如果被溺水者从正面拦腰抱住，救护者可一手按住其头后部，另一手托在其下颌并向外扭转头，使溺水者放手，并使其转向背向救护者(见图14-28)。

5. 拖带

拖带是指救护者把溺水者从水中拖运靠岸的方法。一般可采用侧泳或反蛙泳两种泳式进行拖带。

(1) 两手托溺水者头部反蛙泳拖带：救护者和溺水者均仰卧水中，救护者两臂伸直，两手托扶溺水者的头后部至两颊，两腿做反蛙泳蹬腿动作进行拖带(见图 14-28 和图 14-29)。

图 14-28　　　　　　　　　　　图 14-29

(2) 托双腋拖带：双臂伸直托溺水者双腋，采用仰卧蛙泳蹬腿拖带方式，救护者拖带时稍含胸收腹(见图 14-30)。

图 14-30

(3) 单手抓托颈部拖带：将溺水者仰卧水中，救护者直臂单手抓住其颈后部，另一手臂划水，两腿做反蛙游泳或侧泳动作进行拖带(见图 14-31)。

图 14-31

(4) 夹胸拖带：溺水者仰卧，救护者侧卧，一只手臂从其肩上斜经过胸前抓住对侧腋下，另一手臂和两腿做侧泳动作进行拖带(见图 14-32)。

图 14-32

(5) 穿背握臂拖带：救护者一手从溺水者腋下穿过经背部握住另一只手臂，即可单用侧泳将溺水者拖带游进，这种方法易于观察游向(见图 14-33)。

图 14-33

6. 上岸

这是指把处于昏迷状态的溺水者拖上岸的方法。在天然水域，虽岸边情况不同，但均有一定斜坡，上岸相对比较容易。遇到游泳池或类似游泳池的陡岸时，上岸较困难。下面介绍两种游泳池内上岸方法。

(1) 池边上岸方法：救护者将溺水者一手压在池边上，自己先上岸，然后抓住其两手腕，拉上池边。溺水者面向池壁、背向池壁均可(见图 14-34)。

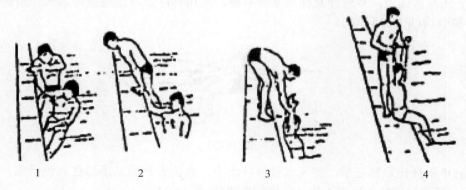

图 14-34

(2) 扶梯上岸方法：将溺水者拖带至扶梯前，使其面向自己并把其扛在肩上，双手握住扶梯，稳步爬梯上岸；当溺水者臀部移到池边时，应扶其头后，慢慢坐下来放倒(见图 14-35)。

图 14-35

7. 岸上急救

溺水者被救上岸后，首先要观察症状，然后再决定采取哪些措施。如果溺水者神志清醒，只需一般性引吐、保暖和休息便可逐渐恢复正常，无须做其他救护；如果溺水者处于昏迷状态，神志不清，应立即与医疗急救单位联系，同时进行急救，急救措施主要有以下两种方法。

(1) 人工呼吸：当溺水者处于昏迷状态时，首先应判断其有无呼吸。方法是把脸贴近溺水者鼻、口，感受呼吸的气流，观察胸部的肌肉是否上下起伏。经过观察与判断，确认溺水者已无呼吸时，应立即进行人工呼吸。在进行人工呼吸前，先要清除溺水者口、鼻中的异物，保持呼吸道通畅；如有活动的假牙应取出，以免堕入气管；如溺水者牙关紧闭，救护者可从其后面用两手大拇指向前上方顶住下颌关节，同时用两手食指、中指向下压下颌骨，便可掰开溺水者牙关。清理好口、鼻中的异物后，接着进行控水。其方法是救护者一腿跪着，另一腿屈膝，将溺水者的腹部放置在屈膝的大腿上，一只手扶其头部使口向下，另一只手压其背部，将水排出(见图 14-36)。控水后，应立即进行人工呼吸。实践证明，口对口吹气法不仅效果好，且简便易行。操作方法：救护者在仰卧的溺水者侧面，一手捏住鼻子，另一手扶着下颌(见图 14-37)，深吸一口气，然后对紧溺水者的口将气吹入。吹完一口气后，口手离开，用手压下溺水者的胸部，帮助其呼气。如此有规律地反复进行，每分钟做 14～60 次，开始时稍慢，以后可适当加快。在抢救已经停止呼吸的溺水者时，需要做很长时间，最好有两人以上轮流进行。

图 14-36　　　　　　　　　　　　　　　　图 14-37

(2) 心脏按压：当溺水者处于昏迷状态时，在判断其有无呼吸的同时也要判断其有无心跳。其方法是把摸手腕动脉或颈动脉血管，如无脉搏或微跳，应立即做心脏按压。下面介绍胸外压放心脏按压法：救护者跪在仰卧的溺水者体侧，双手重叠按在溺水者胸前突部分，两臂自然伸直，借助于身体重量按正常心跳节奏向下按压(见图 14-38)。如果溺水者被救上岸后，呼吸与心跳均无，可以同时进行人工呼吸和心脏按压(见图 14-39)。经采取人工呼吸或心脏按压抢救措施后，溺水者虽已脱离危险，仍需送医院进行全面检查，以防因溺水而引起其他并发症。

图 14-38　　　　　　　　　　　　　　　　图 14-39

 思考与练习

1.　正确的蛙泳动作周期包括下述哪几种动作？(　　　)

　　A. 划手蹬腿滑行　　　　　　B. 蹬腿滑行　　　　　　C. 划手蹬腿

2. 游泳时腿部抽筋多发生在脚、(　　)以及小腿部位。

    A. 小腿前部　　　　　　　　B. 脚弓　　　　　　　　C. 膝关节

3. 爬泳臂划水动作包括_____、_____、_____、_____和_____5 个动作。

4. 简述呼吸动作的要点。

5. 列举三例游泳比赛中的犯规行为。

6. 简述抽筋时自我救护的方法。

参 考 文 献

[1] 李光华，杨华南. 大学体育与健康[M]. 北京：人民邮电出版社，2017.

[2] 李金华，张华东. 大学体育与健康教程[M]. 北京：科学出版社，2016.

[3] 郑砚龙，等. 大学体育与健康实用教程[M]. 北京：科学出版社，2019.

[4] 邹继豪. 体育理论教程[M]. 大连：大连理工大学出版社，1997.

[5] 白晋湘，等. 民族传统体育教程[M]. 长沙：中南工业大学出版社，2000.

[6] 张外安. 大学生体育[M]. 长沙：湖南科学技术出版社，2000.

[7] 胡小明. 体育人类学[M]. 广州：广东人民出版社，1999.

[8] 陈文卿. 学校健康教育学[M]. 长沙：湖南师范大学出版社，1994.